과거공부를 알아야 우리교육이 보인다

이원재 지음

성균관 기피, 사교육과 예상문제집...

조선시대의 과거공부의 키워드!

결코 낯설지만은 않은 선비들의 과거공부는 우리교육에서 주는 경고이다!
조선시대 과거공부를 모르면 우리교육은 없다!

문음사
도서출판

차 례

제3부 과거공부의 진실 • 49

제4부 조선시대 과거공부를 되짚어 보며 • 97

제5부 과거 시험은 우리교육에게 무엇인가 · 115

| 재개정판 서문 |

출판사에서 재고가 소진되어 다시 찍어야 한다는 연락이 왔다. 그런데 생각해 보니 개정판을 낸 지가 5년 반도 넘게 지나 책 내용이 도저히 손을 안 볼 수가 없는 상황이었다. 그래서 군데군데 수정과 가필을 하였다. 최소한 리모델링 수준으로라도 손을 봐야 할 것 같았으나 시간적으로도 능력면에서도 자신이 없었다. 구차한 변명 같아 참 송구스럽다는 느낌을 지울 수가 없다. 다음번에는 꼭 리모델링이라도 해서 달라진 책을 낼 수 있기를 스스로 기약해 본다.

"역사를 잊은 민족에게 미래는 없다"를 "역사를 모르는 민족에게 미래는 없다"로 바꾼다면, 이것만큼 절실하게 와 닿는 말도 없지 않나 싶다.

이번에도 수고를 해주신 문음사 분들께 감사를 드린다.

2016년 9월

저 자

| 개정판 서문 |

이 책을 낸 지도 벌써 10년 가까이 되었다. 그동안 우리교육계에도 많은 변화들이 있었다. 이 때문에 책 내용 중에서 시사적인 것들은 현실적 맥락을 상실한 것들도 있다. 그래서 책 내용을 수정하거나 보완해야 할 필요가 있었다. 사실 진작에 그렇게 해야 했지만 필자의 게으름 탓에 이제야 겨우 손을 대게 되었다.

그동안 이 책에 대해서 많은 사람들이 격려의 말들을 해주었다. 그 분들에게 이 자리를 빌어 감사의 말씀을 전하고 싶다. 물론 이 책의 내용과 입장을 달리 했던 사람들도 적지 않았을 텐데, 그 분들의 조언을 듣지 못한 것이 아쉽다.

책을 내고 나서 한 가지 위안이 되는 것은 필자가 우리교육에서 개선되어야 한다고 주장했던 것들 중에서 몇몇은 실제로 그렇게 되었다는 것이다. 굳이 예를 들자면, 필자는 특별 전형이 교육적 효과는 없고 사교육을 유발시키는 등의 부작용만 있기 때문에 폐지를 해야 한다는 주장을 하기 위해 적지 않은 지면을 할애했었다. 그리고 이런 취지에서 추천제, 봉사활동, 효행 및 선행자 전형의 문제점도 짚어 보았다. 당시에는 이런 식의 반대 주장을 한다는 것은 입시 트렌드를 거스르는 것으로서, 계란으로 바위를 치는 듯한 무력감과 심지어 무모함마저 느껴졌었다. 그런데 다행히도 최근에 교과부에서 그동안 사교육을 유발했던 경시대회를 포함하여 각종 대회 수상 실적이나 토익, 토플, 텝스 같은 공인 영어성적, 그리고 효행상, 봉사상, 선행상 수상 경력을 학교생활기록부에 기재하지 못하도록 할 방침이라고 한다.

물론 객관적으로 볼 때 이 책이 그러한 변화에 기여했다고 판단하기는 어렵다. 다만 필자는 본인이 주장한 바대로 달라지고 있다는 사실이 뿌듯할 뿐이다. 무엇보다도 여전히 우리 사회에서 상식적인 판단이 작동되고 있다는 생각이 들어서이다. 물론 앞으로 교과부의 조치가 또 다시 번복될 가능성이 없지는 않다. 이런 우려에서 특별 전형 관련 지면을 계속 남겨두기로 하였다.

끝으로 이 책이 새 옷으로 갈아 입을 수 있도록 배려해 주신 문음사의 조복자 사장님과 편집을 위해 애써주신 직원분들에게 감사를 드리고자 한다.

2011년 2월

저 자

| 책을 낸 이유 |

조선시대 선비들은 어떻게 공부했을까? 그 비밀은 바로 《조선왕조실록》에 들어 있었다. 《조선왕조실록》은 당시 교육의 진실을 담고 있는 블랙박스였다. 그리고 그것을 분석한 결과는 충격적이었다. 조선시대 역시 지금처럼 시험의 나라였으며, 거기에는 우리의 입시 공부와 똑같은 과거공부가 있었다.

과거공부 하면 흔히 낮은 책상과, 그 위에 쌓여 있는 책들, 그 앞에서 의관을 갖추고 앉아 있는 선비, 그리고 그 책들을 밤낮으로 소리내어 읽는 그들의 모습을 연상하게 된다. 그래서 과거공부는 자못 엄숙하게까지 비쳐지기도 한다. 이것이 바로 지금까지 우리에게 알려진 조선시대 선비들의 과거공부에 관한 상식이었다.

그러나 당시 선비들의 실제 과거공부 모습은 이와는 거리가 멀었다. 대부분 선비들의 책상 위에는 책들이 없었으며, 밤낮으로 열심히 공부하지도 않았고 또 그럴 수도 없었다. 또한 그들 사이에는 예상 문제집인 '초집'이라는 것이 보편화되어 있었다. 그리하여 과거 시험 때가 다가오게 되면 그때 가서 이 초집을 밤낮으로 외워 과거 시험에 응시하였다.

또한 '과거공부'하면 으레 학교를 떠올리는 사람들이 많다. 다시 말해서, 조선시대에도 지금처럼 과거 시험 준비는 당연히 학교에서 했을 것이라고 생각한다는 것이다. 특히 이런 경향은 조선시대 교육에 대해 정식으로 배운 사람들일수록 더욱 그런 것 같다. 그러나 이것은 도식적인 생각일 뿐이다. 조선시대에 학교는 그야말로 붕괴상태나 다를 바 없었다. 이러한 상황에서 의지할 수 있는 것은 결국 사교육일 수밖에 없었다. 그리하여 당시에는 오늘날로 치면 '과외'에 해당되는 사교육이 대단히 성행하였다.

이와 같은 조선시대 선비들의 과거공부는 한 마디로 부정적인 모습들이라 할 수 있다. 그래서 주위에서는 그것들이 당시 대다수 선비들의 모습이었겠느냐, 일부러 부정적인 측면만 부각시키려는 것이 아니냐, 설사 그것이 사실이었다 하더라도 굳이 들춰낼 필요가 뭐가 있느냐 하는 우려를 나타낸 이들도 있었다. 필자는 솔직히 이것에 대해 상당한 부담감을 갖지 않을 수가 없었다. 그래서 긴 시간을 망설였다.

그러나 필자는 책을 내기로 결정하였다. 책을 내야만 하는 너무도 분명한 이유가 있었다. 우리교육의 장래와 관계된 문제라고 생각했기 때문이다. 조선시대 교육은 결코 먼 옛날 얘기가 아니라 지금 우리교육의 모습 바로 그것이었다. 오늘날 우리교육이 안고 있는 문제들은 곧 조선시대 교육의 문제였다. 따라서 지금 교육 문제들의 해법을 찾기 위해서는 조선시대의 과거공부를 반드시 알아야만 한다는 판단이 들었던 것이다.

이 책을 쓰는 동안 필자를 가장 난감하게 했던 것은 조선시대 선비들의 과거공부 방법은 오늘날 우리가 본받아야 할 만큼 모범적인 것이었다는 주위 사람들의 막무가내식 믿음이었다(이들에게는 객관적인 사료도 중요하지 않은 듯했다. 이것은 마치 지금은 몰락했지만 옛날에는 뼈대 있는 집안이었다고 믿고 있는 그런 자손들이 마지막 남은 자존심을 지키려는 모습을 보는 듯했다.). 그들은 옛날 선인들은 우리와는 분명히 다른 존재였다고 믿고 있었다. 이렇게 그들은 조선시대 선비들 역시 지금의 우리 학생들처럼 시험 합격을 위해서 공부했던 수험생들이었다는 사실을 간과하고 있었다. 필자는 과거공부에 대한 이런 신화적 사고가 깨지지 않는 한, 우리교육에 대한 올바른 이해는 어려운 일이라는 생각이 들었다.

여기서 분명히 말하고 싶은 것이 있다. 본인은 우리 선조들에 대해서 그릇된 이해로 이끌려는 생각은 추호도 없다는 것이다. 필자가 그들에 대해 편견을 가질 이유가 무엇이 있겠는가? 필자는 우리 선조들에 대한 고의적인 왜곡은 있어서도 안 되며, 아울러 맹목적인 미화도 바람직하지 않다고 생각한다. 중요한 것은 그것이 부정적인 모습이든 긍정적인 모습이든 간에 사실 그대로 볼 수 있게 하는 것이다.

또 한 가지 분명히 해야 할 것은 당시에 모든 선비가 편법적으로 과거 준비를 한 것은 아니라는 것이다. 그들 중에는 우리들이 지금까지 생각해 왔던 그런 '모범적인' 방법으로 과거공부를 한 선비들도 있었다. 다만 우리가 알아야 할 것은 이들이 오히려 예외적인 경우에 해당되었다는 것이다.

그동안 소개되었던 선인(先人)들의 공부법은 마치 구도자의 생활처럼 고답적인 것이었다. 이것은 오늘날 교육 현실에 염증을 느껴 온 우리들에게 자부심을 안겨 준다. 그런데 이처럼 미화된 선인들의 공부법은 오늘날 우리들의 보상 심리와 맞물려 관심을 끌게 되었던 것이 아닌가 한다. 어쨌든 이러한 자부심을 손상시키게 된 것은 실로 유감스런 일이 아닐 수 없다.

그러나 달리 생각하면 이 책은 그동안 우리들의 마음 한 켠을 짓눌러 왔던 콤플렉스를 해소시켜 주는 계기가 될 수도 있을 것이다. 옛날에는 모범적이었는데 지금은 왜 이 모양이냐는 식의 자괴감을 가질 필요가 없다는 것을 알게 될 것이다. 조선시대이든 지금이든 간에 시험이 자식의 장래를 좌우하는 상황에서는 어떤 부모라도 인간이 되게 하는 가르침보다는 우선 시험에 합격하도록 교육시킬 수밖에 없다. 어디까지나 잘못된 제도나 사회의 가치관 때문이지 학부모들의 탓으로 돌릴 수는 없는 것이다. 이 책을 쓰려 했던 이유 중의 하나는 우리의 모든 학부모들에게 면죄부를 주고 싶다는 생각 때문이었다. 주제넘는 일이라는 것을 모르는 바 아니었으나, 누군가 꼭 해야 할 일이라는 믿음이 있었기 때문에 일을 저질렀다.

이 책 내용은 그동안 우리가 알고 있었던 상식과 큰 차이가 있다. 때문에 이 책을 그저 독자들의 호기심이나 자극하는 야사(野史)를 다룬 것으로 치부해 버리려는 사람들도 적지 않을 것이라 생각한다. 그러나 이 내용은 어디까지나 《조선왕조실록》이라는 객관적인 기록에 근거해 씌여졌다는 점을 강조하고자 한다. 이처럼 필자가 의도했던 것은 단순히 호기심 충족의 차원도 아니라 과거공부와 관련한 우리 선비들의 진솔한 모습을 보여 주고,

그럴 수밖에 없었던 그들 나름대로의 절실한 이유가 무엇인지를 이해해 주기를 바라는 심정에서였다. 왜냐하면 그들의 그런 모습이 너무나 복잡하게 얽혀 있는 우리의 교육 문제들을 풀어 나가기 위해서 우리가 반드시 알아야만 할 것이기 때문이다.

이 책은 단순히 조선시대 과거제도나 선비들의 과거공부 진실을 알리는 것에 그치지 않고 그것이 지금의 우리교육과 어떤 연관이 있는지를 살펴보려는 것이 목적이다. 이를 위해 별도의 장을 마련하였으나 때로는 조선시대 과거공부를 다루는 자리에서 지금의 교육과 비교하기도 하였다. 이것들을 통해 독자들은 오늘날 우리교육은 조선시대 과거공부의 연장선상에 있음을 알게 될 것이다.

"역사는 현재의 거울"이라는 말이 있다. 그동안 우리는 뿌연 거울에 우리를 비춰 왔던 셈이다. 이제는 깨끗한 거울을 통해 우리교육의 모습을 제대로 들여다봤으면 한다.

제1부

죽음도 막지 못한 과거 합격 열망

1. 죽어도 과거 시험을 봐야 했다
2. 임진왜란, 그 사지(死地)에서도 과거 시험을 보다
3. 과거 합격 전에는 눈을 못 감다

1. 죽어도 과거 시험은 봐야 했다

조선시대 경제의 바탕은 바로 농업이었다. 따라서 당시에는 한 해 농사를 망칠 경우 국가나 개인 므두에게 치명적인 결과를 가져올 수밖에 없었다. 특히 개인의 경우 농사의 실패는 죽음과 직결될 수도 있는 문제였다.

조선시대에는 모든 국가 행사를 치를 때 항상 이 점을 고려해서 농사에 지장이 없도록 조정하는 것을 원칙으로 하였다. 과거 시험의 경우도 예외는 아니어서 항상 농번기를 피해 시험 일정을 정하였다.

그렇다면 혹시 과거 시험이 농사철과 겹치게 되는 경우에는 어땠을까? 과거 시험에 응시하게 되면 분명히 농사를 망치게 될 것이고, 그렇게 되면 온 가족이 굶어 죽을지도 모른다는 생각에 당시 선비들은 과연 과거 시험을 포기했었을까?

우리는 다음과 같은 『중종실록』에서 당시의 실상을 읽을 수 있다.

> (영의정 등이 아뢰기를) 과거 날짜를 점점 뒤로 물리면 농사 때를 범하게 될 것입니다. 그렇게 되면 지방의 가난한

유생들이 양식을 싸가지고 오느라 분주하게 될 것이고, 이 때문에 농사 때를 잃어 아사(餓死)를 면치 못할 것입니다.

(『중중실록』 권99 중종 37년 12월 을유)

이 상황을 쉽게, 그리고 절실하게 이해하기 위해서 상상력을 동원해 보기로 하자. 이 실록에서 말하는 지방의 가난한 유생들은 함경도의 어느 산골 선비일 수도 있고 맨 아래 전라도의 어느 지방의 선비일 수도 있다. 이들은 서울에서 있을 과거 시험을 노심초사 기다리고 있던 차였다. 그런데 어느 날 그들은 과거가 연기되었다는 방을 보게 된다. 날짜를 따져 보니 정확히 파종할 시기인 것이다. 그들은 고민하지 않을 수 없었다. 서울까지 가고 오고 걸리는 시간이 족히 한 달은 넘게 걸릴 터이고, 만일 과거를 보게 된다면 올해 농사는 어떻게 할 것인가? 그렇다면 이번 과거 시험은 포기해야 하나? 하지만 아무리 생각을 해 봐도 그럴 수는 없었다.

결국 그들은 그동안 노자로 쓰기 위해 푼푼이 모아 두었던 알토란같은 엽전들을 챙겼다. 그리고 집에 남아 있는 가족들이 연명할 수 있을 정도만 남겨 두고 나머지 양식을 둘러멘 채 서울을 향해 먼 길을 떠났다.

서울에 도착한 뒤에도 이들의 머리 속 한 구석을 차지하고 있었을 생각은 바로 이런 것이었으리라. "지금쯤 씨를 뿌렸어야 했을 텐데 …… 올해 농사를 망치면 가족 모두가 굶어 죽을지도 모르는데 ……."

하지만 자신들이 과거 시험을 보기로 한 것에 대해서 후회는 없었다. 선택의 여지가 없었기 때문이다. 그만큼 과거 시험은 그들에게 절대 포기할 수 없는 그 무엇이었던 것이다. 그랬기 때문에 가족의 목숨까지도 걸 수밖에 없었던 것이다.

2. 임진왜란, 그 사지(死地)에서도 과거를 실시하다

임진년(1592) 부산에 상륙한 왜군들은 파죽지세로 조선 땅을 유린하면서 북상하였다. 급기야 왕과 왕실은 서울을 버리고 신하들과 함께 피난길에 오르지 않을 수 없었다. 천신만고 끝에 평양에 도착한 선조는 곧바로 과거(무과)를 실시하라는 전교를 내렸다. 바로 평안도 도민들이 한결같이 과거 시험 보기를 원한다는 이유에서였다. 그런데 과거 합격자들 중 상당수는 서울을 지키기 위해 파병될 병사들이었다. 그 간의 전황으로 볼 때 왜군들을 대적한다는 것은 거의 불가능하다는 사실을 그들은 알고 있었다. 그러나 이들은 죽음을 눈앞에 두고도 과거 합격을 필사적으로 갈망했던 것이다.

과거 합격에 대한 갈망은 여기서 그치지 않았다. 처음에 평양 사수 의지를 밝혔던 선조는, 왜군들이 대동강 가까이에 출몰하자 평양을 버리고 또다시 북쪽으로 피난길에 오르지 않을 수 없었다. 그리고 곧이어 평양이 함락되자 국왕 일행은 아예 압록강변에 위치한 의주로 향하게 되었다. 그러나 고생 끝에 도착한 의주는 성 안이 텅 비어 있었다. 상황이 이러하자 선조는 국경을 넘어 중국 요동으로 피신하려 하였으나, 대신들의 반대로 무산되었다. 그런데 이 과정에서 주목할 것은 신하들이 왕의 요동행을 만류하면서, 동시에 흩어졌던 병사들을 모을 수 있는 방법을 다음과 같이 진언하였다는 것이다.

> "전하께서는 이 많은 신하와 백성을 내버려 두고 굳이 필부의 행동을 하시려 하십니까?……의주의 토병(土兵)만도 거의 천명이나 됩니다. 지금은 뿔뿔이 흩어진 상태입니다만 만일 과거 시험으로써 이들을 소집한다면 그들을 모으는 일이 그리 어려운 일은 아닙니다."
>
> (『선조실록』 권27 선조 25년 6월 임자)

한 마디로 과거를 실시하면 흩어지거나 달아난 병사들을 모을 수 있다는 의견이었다. 선조는 이러한 진언을 수용하였고 곧바로 무과를 실시할 것을 명하였다. 그러자 실제로 달아났던 지역민들이 점차 모여들어 의주 성 안이 어느 정도 차게 되었다. 곧이어 실시한 과거에서는 무과뿐만 아니라 문과도 실시하였는데, 이때 문과 4명과 무과 700명을 뽑게 되었다(문·무과를 실시한 당일은 왜군들에 의해 함경도 방어선이 무너져 국가의 운명이 그야말로 풍전등화의 상황이었다.).

그런데 여기서 주목할 것은 이번 과거 시험의 실시 목적도 전쟁터에 내보낼 사람들을 선발하는 데 있었다는 것이고, 이러한 사실을 그들은 모를 리가 없었을 것이라는 점이다. 더군다나 그간의 전세로 보아 왜군과 맞선다는 것은 곧 죽음을 의미하는 것을 의주 사람들도 알고 있었을 것이다. 이처럼 과거 합격은 죽음과 직결될 수 있는 것임에도 불구하고 그들은 그렇게 과거 시험에 응시하였던 것이다. 그렇다면 그들이 과거 합격을 목숨과 맞바꿀 수 있었던 그 이유는 무엇이었던 것인가?

3. 과거 합격 전에는 눈을 못 감다

성종 20년에 대과에서 김효홍이라는 노선비가 33명 합격자 중 말제(末第)로 합격하였다. 그의 나이는 76세. 해방 직후 우리의 평균수명이 40세 초반에 불과했었다는 점을 생각할 때, 조선시대 때 76세라는 나이는 쉽게 찾아 볼 수 없을 장수 케이스였다고 할 수 있다. 더군다나 그 나이에 대과에 급제했다는 것은 당시 조선시대 기네스북에 올라가고도 남을 만한 일이었다.

그런데 김효홍은 분명히 그 이전에도 과거 시험에 응시했을 것임을 감안한다면 평생을 과거 급제에 목을 맸었다는 것을 짐작할 수가 있다. 특히 노년기 이후에는 기력이 떨어져 계속해서 학업을 지속하기가 결코 쉽지 않았을 것이고, 더군다나 언제 천수를 다할지 모른다는 두려움도 있었을 것이다. 차라리 과거공부를 접고 여생을 편히 지내다 가는 것이 나았을 터인데도, 이처럼 그는 죽기 전까지 과거 시험을 포기하지 못했던 것이다. 조선왕조실록을 들여다보면 당시에는 수많은 김효흥들이 있었음을 확인할 수가 있다. 그렇다면 죽은 다음에야 비로소 내려놓을 수 있었던 과거 합격에 대한 집착은 도대체 무엇 때문이었을까?

제2부

과거 시험에 합격해야 했던 진짜 이유들

1. 벼슬 때문만은 아니었다
2. 부(富) 때문만도 아니었다
3. 가문을 유지해야 했다
4. '학생' 딱지를 떼어야 했다
5. 과거 합격은 곧 학력 취득
6. 과거 합격축하 행사를 위하여
7. 과거 합격은 인간의 조건

1. 벼슬 때문만은 아니었다

조선시대 선비들은 벼슬을 얻기 위해 과거 시험에 매달렸던 것일까? 그 대답은 물론 '예스'다. 그러나 그것이 전부는 아니었다.

당시에는 소수이긴 하지만 과거를 통하지 않고서도 관리가 될 수 있었던 부류들이 있었다. 그런데 우리는 이들 중 많은 수가 과거에 합격하려 애썼다는 사실에 주목할 필요가 있다. 예를 들어, 당시에는 높은 직급에 있었던 지방 수령들이 흔히 소과라 불렸던 생원·진사시에 응시하려 했다는 기록들이 있다(사실 이런 기록은 수도 없이 많다.).

그렇다면 그 이유는 무엇이었을까? 혹시 과거에 급제하면 관직 등급이 더 오르기 때문에? 이것도 틀린 말은 아니다. 실제로 당시에는 현직 관리가 과거에 급제할 경우 그에 상응하는 승급 혜택이 주어졌다. 그러나 과거에 응시하려 한 것이 더 높은 관직에 오르기 위해서만은 아니었다. 무엇보다도 소과 합격은 승급과는 관계가 없다. 그 속 사정은 다음과 같은 것이었다.

> 어진 이를 구하는 방법을 오로지 과거에만 의지하게 되어, 이 길로 출세하지 않으면 인재가 아니라 일컬어 손가락질

하고 으레 속된 벼슬아치로 대우합니다.

(『성종실록』 권129 성종 12년 5월 신축)

위의 실록내용은 당시 사회풍조가 어땠는가를 잘 보여 준다. 한 마디로 과거 시험을 거쳐서 관리가 되어야만 제대로 인정을 받았음을 알 수 있다. 자신이 아무리 높은 관직에 오른다 하더라도 과거를 거치지 않았다면 손가락질 당할 수밖에 없는 것이 당시의 현실이었다. 결국 과거를 통하지 않고 관리가 된 사람들 중에서 많은 수가 과거에 응시하려 했던 것은, 바로 이런 콤플렉스로부터 벗어나기 위해서였다.

이러한 풍조는 당시에 과거에 합격하려 했던 이유가 오로지 벼슬을 얻기 위한 것만은 아니었음을 보여 준다. 단적으로 말한다면, 당시는 벼슬을 얻는 것보다 (설사 나중에 벼슬에 나아가지 못한다고 하더라도) 과거 합격을 더 중시하는 경향이 있었다. 이와 관련하여 두 가지 사례만 언급하고자 한다.

먼저 세종 때 임원준이라는 인물이 있었는데, 이 사람은 과거 시험에서 대리 시험을 친 죄로 장형(杖刑), 도형(徒刑 : 징역형)과 함께 죽을 때까지 과거 시험을 못 보는 제재조치를 당하였다. 그럼에도 불구하고 그는 나중에 부사정(副司正)이라는 벼슬에 오르는 것을 허락받았다. 그 후 임원준은 여기에 만족하지 않고 과거를 볼 수 있게 해 달라는 간절한 상서를 임금에게 수 차례 올렸으나 결국은 허락을 얻지 못하였다.

또 성종 때 송거라는 사람에게 과거 응시 자격을 부여해야 하는가 하는 문제와 관련하여 조정에서 떠들썩한 적이 있었다. 송거는 전에 아버지가 대역죄에 연루되어 과거 응시가 금지되었다가 성종으로부터 사면을 받게 되었는데, 문제의 발단은 바로 여기에서 비롯되었다. 당시 신하들은 송거에 대한 과거 응시 허용 조치에 대해 벌떼처럼 들고일어났다. 그 후에도 과거허용 조치를 철회해야 한다는 반대 상소가 끊이질 않았다. 그런데 전에 왕이 그에게 내금위에 소속시키는 벼슬을 내렸을 당시에는 신하들 사이에서 동요가 있지 않았다.

이처럼 당시 사람들이 중요하게 여겼던 것은, 벼슬보다 과거 합격이었음을 알 수 있다. 이는 곧 당시 선비들이 과거 시험에 매달렸던 이유가 단지 관직을 얻기 위함만이 아니었음을 보여주는 것이다.

2. 부(富) 때문만도 아니었다

우리는 흔히 옛날에 과거 급제를 하게 되면 부와 명예가 보장되었던 것으로 알고 있다. 과연 그랬을까? 여기서 과거 합격과 부의 관계에 대해서 살펴보기로 한다.

조선시대에는 과거에 합격하게 되면 일정한 토지와 함께 곡식 등의 현물을 지급받도록 되어 있었다. 여기서 토지의 경우 땅 자체를 하사받는 것이 아니라 그 땅 소출에 대한 일정한 비율의 세를 받을 수 있는 권리를 인정받는 것이었다.

그런데 조선시대 때 과거에 급제하여 관리가 되었을 경우에 받게 되는 녹봉은 일률적으로 많다 적다 할 수 있는 문제는 아니다. 왜냐하면 같은 녹봉이라도 부자 양반들의 입장에서는 별 것이 아닐 수도 있는 반면에, 가난한 집 선비들에게는 이것이 그야말로 유일한 호구지책이 될 수도 있는 것이기 때문이다.

그러나 여기서 분명히 말할 수 있는 것은, 설사 가난한 선비가 장원급제를 했다 하더라도 그가 매년 받게 되는 쌀 30~57석과 약간의 곡식들이 팔자를 고칠 만큼의 의미를 지니는 것은 아니었다는 것이다. 뿐만 아니라 중종 때의 기록을 보면, 우리나라 관리들에 대한 녹봉이 박하다고 하여 나중에 관리가 되어도 별 볼일이 없었음을 알 수 있다. 이처럼 조선시대에는 우리가 알고 있는 것처럼 과거 급제가 곧 커다란 부를 가져다 주었다고 하는 것은 사실과 다르다.

과거 급제를 하게 되면 오히려 가산을 탕진하게 되는 경우가 많았다. 이것이 도대체 무슨 소리인가 의아해하는 사람들이 많을 것이다. 조선시대에는 과거에 급제하게 되더라도 곧바로 관직에 임명되는 경우는 드물었다. 전체 33명 중 기껏해야 장원 및 갑과(甲科) 2명 등 최상위 합격자 몇 명만 곧바로 임용되었을 뿐 나머지는 보통 수년에서 심하면 8~9년 동안 '권지'(權知)라는 일종의 수습 관리로 지내야 했다. 그런데 당시에는 처음 관청에 출근하게 되면 일종의 신고식을 해야 하는 관례가 있었다. '신래'(新來)라고 불렸던 이들 수습 관리들은 고참 관리들을 위해 큰 잔치를 열어 주거나 뇌물을 바쳐야 했는데, 고참들은 대접이 성에 차지 않을 경우에는 신래의 수족이나 다름없는 노비를 구타하여 불구를 만들거나, 혹은 신래 본인을 구정물에 강제로 처박는 모욕을 주거나 린치를 가하기까지 하였다. 그리하여 심지어 어떤 때는 신래가 목숨을 잃는 일까지도 있었다.

신고식이 이 정도로 살벌하다 보니, 신래 가족들은 무리를 해서라도 성대한 잔치를 열어 주지 않을 수 없었다. 이런 과정에서 많은 수의 신래들 집안에서는 수만 냥이나 되는 비용을 마련하기 위해 가산을 정리해야 했고, 재산이 없을 때는 어쩔 수 없이 빚을 져야만 했다. 이런 사례는 과거 급제가 곧 부를 의미했다는 우리의 상식을 재고하게 만드는 것이라 아니 할 수 없다.

3. 가문을 유지해야 했다

앞에서 살펴본 바와 같이, 조선시대 선비들이 과거에 합격하려 애썼던 이유는 우리가 그동안 생각해 왔던 것처럼 단순히 벼슬이나 부 때문만은 아니었다. 거기에는 또 다른 중요한 이유들이 있었다. 그 중 한 가지가 바로 가문의 유지였다. 이것을 이해하기 위해서는 다음과 같은 점들을 알 필요가 있다.

조선시대는 신분제 사회였다. 그런 사회에서 인간 대접을 받을 수 있는 계층은 양반들뿐이었다. 그렇다면 당시에는 어떤 조건을 갖추었을 때 양반이 될 수 있었을까? 조선시대에는 사조(四祖) 내에 누구라도 알 수 있는 번듯한 관리가 있어야만 양반집이라는 사회적인 통념이 있었다. 여기서 사조라 함은 친가 3대, 즉 아버지 · 할아버지 · 증조할아버지, 그리고 외가 쪽의 외할아버지를 의미하였다. 그런데 이러한 통념은 기계적인 것이 아니었다. 예를 들어, 현재 사조 안에 관리가 없다 하더라도 그 이전부터 그 지역에서 양반 가문으로 인정된 경우라면 일정 시기 동안은 그러한 관성이 유지되었으며, 소과 합격자(생원이나 진사)만을 내더라도 그 집안은 양반 가문으로 인정되었다.

그런데 지금까지의 상식은 누구든지 과거에 급제하기만 하면 양반이 될 수 있었다는 것으로 되어 있지만 당시의 현실은 그게 아니었다. 요컨대 아무나 과거 시험(문과를 말함)을 볼 수 있었던 것이 아니다. 우리는 흔히 평민이라고 할 수 있는 양인부터는 과거 시험에 자유롭게 응시했던 것으로 알고 있다. 그러나 실제로는 양인이 과거에 응시하는 데는 많은 난관이 있었다. 예를 들어, 오랜 기간 동안 과거공부를 하기 위해서는 경제적으로 뒷받침이 되어 있어야만 했는데 대체로 양인들은 그렇지 못하였다. 뿐만 아니라 양인이 과거에 응시하기 위해서는 해당 지역의 관리가 서명한 일종의 신원 보증서인 보단자(保單子)가 필요했는데, 관리들은 이것을 쉽게 내주려 하지 않았다. 이처럼 당시에 양인들은 이래저래 과거에 응시하는 데 어려움이 많았다.

그렇다 보니 실제로 과거에 응시할 수 있는 사람들은 거의가 양반들뿐이었다. 따라서 당시의 과거 응시 목적은 새롭게 양반 가문으로 신분 상승을 꾀하는 것이라기보다는 단순히 지금의 양반 가문을 그대로 유지하는 것이었다.

그런데 이처럼 가문을 유지한다는 것이 언뜻 생각하기에는 그리 절박한 문제가 아닐 것도 같지만 그게 아니었다. 예를 들어보자. 어떤 마을에 김 진사댁과 이 진사댁이라는 두 양반 가문이 있었는데, 이 두 집안은 서로 사이가 좋지 않은 관계라고 하자. 그런데 만일 김 진사 집안에서는 계속해서 과거 합격자를 배출한 반면, 이 진사 집안에서는 몇 대가 지나도록 과거 합격자를 배출하지 못했을 경우에는 어떻게 될까? 우선 이 진사 집안은 시간이 지나면서 중인이나 양인 집안으로 몰락하게 될 것이다. 그런데 당시는 신분제 사회라고 했다. 이런 사회에서는 양반 가문을 지속적으로 유지하지 못할 경우에는, 다른 양반들에게 밟히는 일이 얼마든지 생길 수 있는 일이다. 앞서 언급한 두 가문의 경우 몰락한 이 진사 집안사람들은 김 진사집 사람들에게 언제 어떤 수모를 겪을지 모를 일이다. 뿐만 아니라 수모를 겪는 것을 넘어 가족의 생사를 위협받을 수도 있었다. 예를 들어 보자. 매년 봄마다 논에 물을 대는 일은 그 해 농사의 핵심인데, 물이 부족한 경우에는 서로 자기 논에 물을 대기 위해 필사적으로 경쟁을 해야 했다. 그래서 심지어 이 과정에서 살인까지 초래하는 경우마저 있었다. 그만큼 논물 대기는 사활적 관건이었다. 그런데 이 진사 집 사람들은 이 경쟁에서 일방적으로 밀리게 될 수밖에 없었다. 그리고 그 결과 가족들 생존을 장담할 수 없게 되는 것이었다. 이런 이유에서 당시에는 어떻든지 간에 양반 가문을 유지해야만 했고, 이렇게 양반 가문을 유지하기 위해서 그들은 과거에 합격하려 했던 것이다.

4. '학생' 딱지는 떼어야 했다

오늘날 집에서 차례나 제사를 지낼 때 흔히 지방(紙榜)을 써서 모신다. 이때 흔히 볼 수 있는 것이 바로 "학생부군신위(學生府君神位)"이다. 또한 '학생'이라는 호칭은 묘비에서도 쉽게 발견하게 된다.

여기서 학생은 학교 학생이 아니라 생전에 관직에 오르지 못했거나 혹은 대과든 소과든 과거에 합격하지 못한 사람을 의미한다. 처음에는 살아 있는 사람에게도 학생이라는 호칭이 붙었었는데, 시간이 지나면서 '학생'이라는 호칭은 '유학(幼學)'으로 바뀌게 되었다. 그러다가 조선 후기 이후에는 관직이 없거나 과거에 합격하지 못한 사람들에 대해서 생전에는 '유학', 사후에는 '학생'의 호칭을 붙이는 것이 관례로 굳어지게 되었다.

사설이 길어졌다. 다만 여기서 말하고자 하는 것은 조선시대에는 학생이라는 호칭이 있었는데, 이것은 아직 과거에 합격하지 못했음을 나타내는 것으로 결국 명예롭지 못한 호칭이었다는 것이다.

어떻게 보면 '학생'은 무능력을 상징하는 호칭이었다. 그나마

나이가 적을 때는 스트레스가 덜 하지만 시간이 갈수록 학생이라는 호칭 때문에 겪어야 할 정신적인 고통은 점점 더 커질 수밖에 없었다. 특히 결국 학생으로 생을 마치게 되어 자신의 지방에 "학생부군신위"로 적힐 것을 생각하면 자다가도 벌떡 일어날 일이었다. 그랬기 때문에 당시 '학생'들은 어떻게 해서든지 이 호칭만은 면하려고 애썼다.

'학생' 딱지를 떼는 방법은 두 가지였다. 하나는 관리가 되는 것이고, 또 하나는 과거에 합격하는 것이었다. 먼저 관리가 되는 방법은 공신이나 고관대작의 자손으로 태어나든지 아니면 과거에 급제해야만 했다. 특히 그냥 관리가 될 수 있는 사람들은 극히 일부분에 지나지 않았기 때문에 관리가 되기 위한 주된 방법은 과거 급제였던 셈이다. 여기서 과거 급제란 관직의 전제조건이기 때문에 곧 대과급제를 의미하는 것이었다. 이에 비해 앞서 '학생' 딱지를 뗄 수 있는 두 번째 방법인 과거 합격은, 소과·대과를 불문하고 어떻든 과거에 합격하기만 하면 되는 것이었다.

이처럼 학생이라는 호칭에서 벗어나는 방법은 첫째도 둘째도 과거 시험에 합격하는 것뿐이었다. 그리고 만일 대과에까지 급제하는 것이 힘에 부친다면 그저 소과에만 합격해도 되었다. 조선시대에 소과 합격자들 중에서 상당수가 대과를 포기하고 그냥 생원이나 진사로 남으려 했다는 사실은 바로 이런 맥락에서 이해될 수 있는 것이다.

이처럼 '학생'을 면하기 위한 방법이 곧 과거 합격이었다는 사실은 무엇을 의미하는 것인가? 그 일은 자기 스스로의 힘으로 해결할 수밖에 없는 일이었다는 것이다. 이것은 자신의 가족 중에서 한 사람이라도 관리가 되거나 과거에 합격할 경우 더불어 양반이 될 수 있었던 것과는 차원이 달랐다. '학생'을 면하는 것은 누구도 대신해 줄 수 있는 일이 아니었다는 것이다. 여기서 우리는 당시 선비들의 고민의 무게가 어느 정도였는가를 짐작할 수가 있다.

5. 과거 합격은 곧 학력 취득

오늘날 한 개인이 얼마나 배웠느냐를 나타내는 것이 곧 '학력(學歷)'이고, 이 학력은 졸업한 학교의 수준으로 가늠하게 되는 것이 보통이다.

그런데 조선시대의 경우 학력을 판단하는 기준은 지금과 달랐다. 한 마디로 학교 졸업이 아니라 과거 합격 여부였다(당시에는 최고 학부였던 성균관을 졸업했다하더라도 학력과는 아무런 상관이 없었다.). 다시 말해서 조선시대에는 대과에 합격함으로써 받는 칭호인 "급제", 소과에 합격해 받는 "생원", "진사"는 지금의 "대졸", "고졸" 식의 학력을 상징하는 것이었다.

그런데 조선시대에는 얼마나 배웠는가 하는 것은, 곧 한 개인의 도덕성을 판단하는 잣대가 되었다. 이것은 당시 책들이 대부분 교훈적인 내용을 담고 있었기 때문이었다. 그렇기 때문에 과거에 합격하지 못할 경우에는 사회적으로 존경받기가 어려웠다.

이처럼 당시에 과거 합격은 학력과 동일한 의미였고, 이 학력과 도덕성이 같은 선상에서 이해되고 있었다고 하는 것은, 성종 때 생원 이세정의 상소에서 잘 드러나고 있다.

제 어미가 하루 저녁은 울면서 제게 이르기를 "사람들이 과부의 아들이라서 배운 바가 없어 바르게 행동하지 않는다고 말하니, 너는 배움에 힘쓰도록 하여라" 하였습니다. 저는 어미의 교훈을 받들어 학업에 힘써 게으르지 않아 정유년에 요행히 소과에 합격했습니다. 저의 어미가 기뻐하며 말하기를 "아들 네 명이 있지만 너만이 나를 위안해 주는구나" 하였습니다 ……

(『성종실록』 권239 성종 21년 4월 계묘)

쉽게 말해서 이세정은 편모슬하의 자식이었다. 당시에 그는 아마도 '호로자식'으로 불려졌을 것이다. 따지고 보면 그의 형제들이 손가락질 당했던 것은 아비 없이 자란 자식들이라는 이유보다도 과거에 합격하지 못했다는, 다시 말해서 못 배웠다는 이유가 더 컸을 것으로 생각된다. 결국 그가 아무리 공부를 열심히 하고 행동을 바르게 했다고 하더라도 과거에 합격하지 못하는 한 언제까지나 '호로자식'일 수밖에 없었을 것이다. 그리고 이런 낙인으로부터 벗어날 수 있는 길은 오직 한 가지, 과거 합격뿐이었던 것이다. 이세정이 소과에 합격하여 생원이 되던 날 아마도 오랫동안 맺혀 있었던 그 어머니의 한(恨)도 함께 풀렸을 것이었다.

6. 과거 합격축하 행사를 위하여

조선시대 선비들이 과거 합격에 연연했던 이유 중에서 빼놓을 수 없는 것이 있었다. 바로 '유가(遊街)'였다.

유가란 과거 합격자를 위한 일종의 시가 퍼레이드 행사였다. 과거 합격자들은 머리에 어사화를 꽂고 햇빛가리개(일산 : 日傘)를 한 채 나라에서 마련해 준 말을 타고 시내를 행진하도록 되어 있었다. 이때는 악대의 연주와 함께 광대와 재인(才人)이 춤과 묘기를 보여 줌으로써 분위기는 한껏 고조되었다. 유가행사는 3~5일에 걸쳐 계속되었는데, 이 기간 동안에는 급제자들의 집안마다 성대한 잔치가 벌어지기도 하였다. 특히 지방 출신의 급제자들은 고향에 내려가게 되면 그곳 수령과 아전들의 환영을 받고 다시 유가를 하도록 되어 있었다. 뿐만 아니라 수령은 급제자와 그 부모를 위해 잔치를 열어 주었다.

이처럼 과거에 합격했을 때 벌이는 유가행사는 한 마디로 축제 그것이었다. 그런데 이러한 축제는 합격자 본인들만이 즐기거나 기념하기 위해서만은 아니었다. 보다 중요한 의미는 바로 과거 합격 사실을 널리 알리는 데 있었다. 많은 사람들이 지켜

보게 함으로써, 그들의 영광은 한층 배가(倍加)될 수 있을 것이기 때문이다. 조선시대 선비들은 이렇게 많은 친지와 동네 사람들로부터 축하와 부러움 속에서 맞이하게 될 그런 축제의 날을 떠올리면서 과거 합격을 염원하였던 것이다.

축제를 치른 과거 합격자들은 그날의 기억을 평생 동안 소중한 기억으로 간직하였다. 또한 그들은 이런 행사를 통해 정말로 과거 합격자로 인식되면서, 사회에서 새로운 인생을 시작하게 되는 것이었다. 그래서 유가는 조선시대 선비들에게 가장 중요한 통과의례였던 것이다.

뿐만 아니라 국가에서도 유가를 대단히 중시하였다. 이것은 유가가 선비들의 공부를 권장하는 중요한 계기가 된다는 생각에서였다. 그리하여 가뭄이나 수재로 인해 흉년이 든 해에도 좀처럼 유가만큼은 금지하지 않았다.

또한 이러한 축하 행사들이 중요한 의미를 지녔던 다른 이유는 이것들이 바로 부모를 영광되게 하는, 다시 말해서 조선시대 사회의 최고 덕목인 효(孝)를 실현하는 계기로 여겨졌기 때문이다. 당시에는 부모에 대한 효도 방법으로 이보다 더 좋을 수는 없었다.

영광된 행사는 유가뿐만이 아니었다. 유가 전에 합격자 발표 의식인 '방방(放榜)'이라는 것이 있었다. 이 행사는 대궐에서 왕이 직접 합격자들에게 합격 증서를 하사하는 의식으로, 국왕과 신하들은 국가에 경축 행사가 있을 때만 입는 조복(朝服)을 착용하였으며, 행사 내내 성대한 풍악이 연주되었다. 이때는 합격자 본인뿐만이 아니라 가족과 친척들도 참석이 허락되었다.

무엇보다도 방방 행사가 특별한 의미가 있었던 이유는 바로 합격자를 호명하는 방식이었다. 즉 호명할 때는 '○○○의 아들 △△△'라고 하여, 합격자 아버지의 이름을 먼저 부른 다음에 합격자 이름을 호명하였다는 것이다. 뿐만 아니라 합격자가 호명받아 입장할 때는 부형과 친척들이 따라 들어와 왕에게 절을 하도록 되어 있었다. 이처럼 방방행사 날 역시도 합격자나 부모의 입장에서는 평생 잊을 수 없는 영광스런 날이었던 것이다. 참고로 이 행사의 분위기가 어떤 것이었는지 다음의 실록내용이 잘 보여 준다.

> 국가에서 베푸는 소과는 그 영광됨이 대과에 견줄 바는 아니나, 역시 어버이를 영광되게 하는 한 가지가 되는 것입니다. 돌이켜보면 변변치 못한 제가 어쩌다가 외람되게 합격자 중에 이름이 들었습니다. 저를 제외한 1백 99인은 모두 경축하는 자리를 베풀어 양을 굽거나 양새끼를 잡고, 친척이 가득 앉은 자리에서 소매를 걷어 올리고 장수를 축하하여 술을 올리며 영광을 동리에 전하고 어버이의 마음을 기쁘게 합니다 …… 10년 동안 애써 공부하여 이름을 드날려서 어버이를 영광되게 하려는 뜻이 오히려 아비를 애태우고 근심하게 하는 일이 되고 말았으니 어찌 마음이 아프지 않겠습니까? …… 방방은 이미 가까웠습니다. 삼가 바라건대 저의 아비를 잠시 서울로 오게 하여 부자가 서로 잡고 울며 천은(天恩)을 기뻐하며 춤추게 하소서.
>
> (『성종실록』 권195 성종 17년 9월 신유)

이것은 성종 때 김협이란 사람이 소과에 합격하였으나 그의 아버지가 귀양 중이어서 합격자 발표의식 때 모실 수가 없으니

부디 이때만이라도 참석하게 하여 영광을 누릴 수 있게 허락해 달라고 왕에게 탄원하는 내용이었다. 이 사례는 부모를 가장 영광스럽게 하는 일은 바로 자식이 과거에 합격하여 많은 사람으로부터 축하받는 것이었음을 보여 주는 것이었다. 그렇기 때문에 과거 합격을 축하하는 행사 때 부모를 모시지 못할 경우에는 평생의 한이 될 수밖에 없었던 것이다.

그런데 여기서 한 가지 짚고 넘어가야 할 것이 있다. 흔히 조선시대 선비들 중 고매한 뜻을 추구했던 이들은 관직을 하찮게 여겨 과거 시험을 보지 않았다는 말을 많이 들어 왔다. 특히 사림파가 전형적인 예라고 할 수 있다. 하지만 우리는 여기서 의문을 갖지 않을 수 없다. 왜냐하면 당시에 과거 급제는 효도의 가장 중요한 방법으로 여겨졌었는데, 특히 유교의 가르침을 몸소 실천하려 했던 이들이 과거 시험을 무시할 수는 없었을 것이기 때문이다. 우리는 조선시대 사림의 거두로서 추앙받는 정여창(1450~1504)의 사례에서 이것을 확인할 수 있다.

> 정여창이 계묘년에 그 어미를 위해 진사 시험(소과)에 응시하여 성공하였는데, 어미가 또 대과에 오르는 영광을 보고자 하므로 마침내 성균관에 머물러 공부하자 동료들이 모두 존경하였습니다.
>
> (『성종실록』 권242 성종 21년 7월 병자)

위 실록내용은 정여창이 어머니를 위해 소과 시험에 합격하였고, 다시 대과에 응시하기 위해 성균관에 들어가 수학하였다는 내용이다. 이것은 곧 당시 지조 있는 선비들이 처했던 딜레마,

즉 지조를 따르자니 부모가 서운해 하고, 부모를 따르자니 지조를 꺾어야 하는 상황에서, 어쩔 수 없이 과거 시험에 응시해야 했던 그들의 애틋한 처지를 잘 보여 주는 것이라 하겠다.

7. 과거 합격은 인간의 조건

앞에서 우리는 조선시대에는 과거 합격을 했다고 해도 현실적으로 크게 달라지는 것은 아니라는 것을 살펴보았다. 그러나 이것이 곧 과거에 합격을 하든 안 하든 별반 차이가 없었다는 얘기는 결코 아니다. 과거 합격과 불합격 사이에는 다음과 같이 엄연한 차이가 있었다.

> 선비가 애를 써가며 부지런히 경서를 공부하더라도 혹시 과거에 합격하지 못하면 시골에 폐기되어 세상에 쓰이지 못하고 한평생을 마감하게 됩니다.
>
> (『성종실록』 권111 성종 10년 11월 갑신)

한 마디로 당시에는 과거에 합격하지 못할 경우 사회적으로 사람 구실을 하지 못하고 불행한 인생을 살아가야만 했다. 조선시대에 과거 합격은 인간적 삶을 영위하기 위한 기본 조건이었던 것이다. 이것은 가문의 배경에 힘입어 낮은 벼슬이라도 할 수 있었던 극히 소수의 선비를 제외한 대부분의 선비들에게 해당되는 것이었다.

그렇다면 이렇게 과거에 합격하는 일이 인생 최대의 과업이었던 당시 선비들의 경우 만일 과거 응시 자격이 박탈된다면 어떻게 되었을까?

조선시대 형벌 중에서 가장 혹독한 것은 물론 사형이었다. 그런데 당시 선비들에게 있어서 이것과 견줄 수 있는 벌이 바로 정거(停擧 : 과거 응시 자격 박탈)였다. 정말로 그들의 입장에서 정거 당하는 것이 얼마나 두려운 일이었는가 하는 것은 다음 실록내용에서 느낄 수 있다.

> 왕이 말하기를 선비가 독서하는 것은 과거에 오르고자 하는 것인데, 벌(罰)이 반드시 제 몸에 절실해야만이 두려워서 범하지 아니할 것이니, 선비를 징계하는 데는 정거시키는 것만한 것이 없다.
>
> (『성종실록』 권142 성종 13년 6월 기해)

정거를 두려워했던 이유는, 개인적으로는 사람 구실을 할 수 없게 되고 가문의 차원에서는 곧 집안 몰락의 전주곡이었기 때문이다. 사형이 육체적 생명을 앗아 가는 극형이라 한다면, 정거는 사회적 생명을 끊는 극형이었다. 따라서 특히 종신 정거를 당한 선비들은 사회적 인간으로서는 끝난 채 그저 목숨만을 부지하면서 살아가야 하는 불우한 사람들이었던 것이다.

정거가 그만큼 가혹한 벌이었던 까닭에 웬만하면 종신 정거는 내리지 않았으며, 그 대신 1회 정거 또는 수 차례 정거에 국한시키는 경우가 많았다. 이와 관련된 일화를 소개하기로 한다.

어우동(於于同) 사건이라는 것이 있었다. 이는 성종 때 양반집 출신인 어우동이라는 여인이 수많은 양반 남자들과 성관계를 가짐으로써 커다란 물의를 일으킨 사건으로서, 말하자면 조선시대 최대의 섹스 스캔들이었던 셈이다. 조선시대의 도덕적 분위기상 이 사건은 당시 사회 기강을 송두리째 흔들어 놓을 만큼 엄청난 일이었다. 그런데 이 사건에 연루된 사람들 중에 이승언이라는 인물이 있었는데, 당시 조정에서는 이 사람에 대한 처벌문제로 떠들썩한 적이 있었다. 이때 신하들은 이승언이 양반 부녀자와 간통했으니 종신 정거의 조치를 취해야 마땅하다는 입장이었으나, 성종은 평생 과거를 못 보게 하는 것은 너무나 가혹하다고 하여 이를 받아들이지 않았다. 이것은 그만큼 정거가 당시 양반들에게 치명적인 벌이었음을 보여 주는 사례인 것이다.

제3부

과거공부의 진실

1. 사교육의 시대였다
2. 예상 문제집이 판을 치다
3. 그리고 ……

1. 사교육의 시대였다

1) 학교의 붕괴, 그리고 사교육

그렇다면 조선시대 학생들은 어떻게 과거 준비를 했을까? 그 중에서도 어디서 과거 준비를 했을까? 우리 역사에 대한 상식이 있는 사람들이라면 아마도 학교를 떠올리게 될 것이다. 왜냐하면 책에 그렇게 씌여져 있으니까……. 그렇다면 과연 당시 학교들은 과거공부의 중심이었을까? 우선 당시 학교들의 실태를 알아보기로 하자.

세종 때 기록을 보면, 당시 최고 학부였던 성균관 기숙사에서 책을 읽는 유생이 열에 한둘밖에 되지 않는다는 내용이 있다. 당시 성균관 정원이 200명이었다는 점을 생각할 때 대체로 몇 십 명 정도만이 공부를 했었음을 알 수 있다. 성종 때의 기록을 보더라도 사정은 이와 비슷하다. 성종 18년에는 성균관에 기거하면서 공부하는 학생이 겨우 30명밖에 안 된다고 한탄하는 내용의 상소가 발견된다. 그렇다면 성균관에서는 대체적으로 수십 명 정도의 인원이 항상 유지되었던 것인가? 그렇지도 않았다. 중종 때 기록에는 성균관의 학생이 한두 명밖에 되지 않는 공동화(空洞化) 상태에까지 이른 적도 있었다고 되어 있다.

한편 당시 서울에 있었던 또 다른 학교로서 성균관보다 하급 과정의 학교라 할 수 있는 사학(四學: 동학·서학·남학·중학으로서 '사부학당'이라고도 함)이 있었다. 그런데 사학 역시 성균관과 크게 다르지 않아 정원이 각각 100명씩이었음에도 불구하고 실제로는 10명 내외인 경우가 많았다. 그나마 명종 때의 기록에서는, 특히 중학의 경우 아예 학생이 다니질 않아서 기숙사 뜰에 풀이 무성해 마치 빈 절간 같다는 한탄이 나올 정도로 그 부진함이 극에 달하였던 것이다.

지방의 학교는 어땠을까? 서울의 학교들이 이 정도였다면 지방학교들의 상태는 가히 짐작이 가고도 남을 것이다. 한 마디로 조선시대 지방학교인 향교 역시 학생들이 없기는 매한가지였던 것이다. 그런데 당시 향교들 중에는 얼마간의 학생들이 있는 경우가 있기는 하였다. 그러나 이들은 단지 병역을 면제받기 위해 다녔던 학생들이었을 뿐, 교육의 실수요자들은 아니었다.

이처럼 조선시대 학교 교육은 부진을 넘어 '붕괴'와 거의 다름없는 상태였음을 알 수 있다. 오늘날 우리교육에 관한 최대 화두는 바로 '교실 붕괴'라고 할 수 있다. 특히 사람들이 우려하는 것은, 이러한 교실 붕괴가 결국에 가서는 학교 붕괴로 이어지는 것이 아닌가 하는 것이다. 그러한 학교 붕괴가 이미 조선시대에 일어났던 것이다. 따라서 조선시대에 있어서 학교는 과거공부의 중심은 아니었다. 중심은커녕 보조적인 역할마저도 하지 못하였다. 그렇다면 학생들은 어디서, 어떻게 과거 준비를 했을까? 그 해답은 다음의 실록기록에서 찾을 수 있다.

(윤은보가 아뢰기를) 성균관과 사학(四學)에 모여 학업을 연마하지 아니하고 서울과 지방의 선비들이 사사로이 집에서 배우고 있습니다.

(『중종실록』 권88 중종 33년 10월 계묘)

(홍문관 부제학 등이 상소하기를) 선비들의 풍습이 성실하지 않고 경박하여 공경대부도 자제들을 취학시키는 것이 드물고, 모두 마을에서 흩어져 놀며 각자가 다른 선생을 구합니다.

(『중종실록』 권86 중종 32년 12월 정사)

그들이 선택한 것은 사교육이었다. 당시의 학부형들은 자식들을 학교에 보내지 않고 집에서 '알아서' 공부를 시켰다. 이 점에 있어서는, 당시 최고 엘리트 집단이라 할 수 있는 공경대부를 포함해서 전국의 거의 모든 학부모들이 비슷했었던 것이다.

여기서 '사교육'이란 어떤 것인가를 알 필요가 있다. 위의 실록내용들을 통해서 짐작할 수 있는 것은, 집에서든 아니면 다른 곳에서든 누군가로부터 배우게 했었다는 것이다. 우리가 추측할 수 있는 것은, 가르치는 사람이 집안의 어른이거나 혹은 전문적인 선생들이라 할 수 있다. 그런데 중종 때 기록에는 명색이 대과 합격자 출신인데도 불구하고 자식들에게 책 읽는 것도 제대로 가르치지 못하는 경우가 있었다고 되어 있는 것을 볼 때 당시 집안에서 자제들을 제대로 지도할 수 있는 학부형들은 그리 많지 않았던 것으로 생각된다. 따라서 당시 사교육의 대체적인 유형은 전문 과외 교사들에게 맡기는 것이었다고 봐야 할 것이다.

이때는 자제들에게 독선생을 붙이는 경우가 있을 수 있고, 아니면 자제들을 여러 명 모아서 선생에게 보냈을 것으로 생각된다. 쉽게 말해서, 지금의 개인과외나 그룹 과외를 시켰던 것으로 볼 수 있다. 특히 후자의 경우는 사랑채와 같은 방 한 칸을 가지고 운영하는 사례가 많았으며, 또한 중종 때 손주라는 사람이 "제가 본 바에 의하면, 아이들에게 글을 가르치는 곳이 가는 곳마다 있었습니다."라고 말한 내용에서도 알 수 있듯이 이것은 당시에 꽤 보편화되었던 것으로 보인다.

여기서 분명히 해 둘 점이 있다. 사교육이라는 것은 학부모가 어느 정도 경제적인 능력이 있을 때 가능한 것이었다. 따라서 조선시대에 빈한한 가문에서는 과외를 시키고 싶어도 할 수가 없었다. 이 점은 오늘날 가정형편이 어려운 경우 아무리 자녀가 입시를 코앞에 두고 있다 하더라도 과외를 시켜 주지 못하는 것과 마찬가지다. 요컨대 조선시대에 과거 수험생을 둔 집안들이 모두 과외를 시켰다고는 볼 수 없다는 것이다. 특히 조선시대는 오늘날에 비해 상대적으로 빈곤했을 뿐만 아니라 부의 편중이 심했던 시대였기 때문에 오늘날처럼 과외 망국론이 제기될 정도로 사교육이 성황을 이루었던 것은 아니었다.

또한 여기서 우리가 알 필요가 있는 것은, 당시에는 능력만 있으면 얼마든지 자식 교육에 투자한다 하더라도 전혀 문제가 되지 않았던 시대였다는 것이다. 고액과외를 시킬 경우 사회적으로 지탄의 대상이 되는 오늘날과는 크게 달랐다는 얘기다.

그렇다면 당시에 과외를 받지 못한 수험생들은 어떻게 했을까 하는 궁금증이 생길 수 있을 것이다. 그들이 할 수 있는 것은 결국 독학일 수밖에 없었다. 실록을 보면 유생들이 집에서 혼자

공부하였다는 내용이 자주 발견되는데, 당시에는 이러한 독학자들의 비율이 상당했던 것으로 나타나고 있다.

오늘날 소외 계층 자녀들은 과외나 학원과 같은 사교육을 받지 못한다 하더라도 결정적인 핸디캡이 되지 않는다. 왜냐하면 학교 교육이 있기 때문이다. 그렇지만 조선시대는 학교가 붕괴 상태나 다름없었기 때문에, 사교육을 받지 못한 유생들은 과거시험에서 결정적으로 불리할 수밖에 없었다. 조선시대에는 과거 합격자가 대체로 권세 있는 가문들에서 지속적으로 배출되었는데, 여기에는 다 그럴 만한 이유가 있었던 것이다.

2) 목숨 건 학교생활은 싫다

당시 유생들이 사교육을 선택하려 한 데는 이유가 있었다. 학교에서 공부하며 지내는 것이 대단히 힘들었기 때문이다. 얼마나 힘들었는가를 단적으로 알 수 있게 하는 것은, 성균관 유생들 중에 가끔씩 죽어 나가는 경우가 있었다는 것이다. 실로 충격적인 일이 아닐 수 없다.

그렇다면 어떻게 해서 성균관 유생들이 죽기까지 했을까? 우선 아래의 실록을 읽어 보기로 하자.

> (참찬 변계량과 예조판서 이지강 등이 아뢰기를) 성균관 학생들이 여러 번 부종병(浮腫病)으로 죽게 되어 저희들이 그 까닭을 물으니, 모두 말하기를 "학생들이 전부 원점 300개를 채우기 위해, 또는 시험치는 법 때문에 한 자리에 모여 앉아서 글 읽기만 힘쓰므로, 정신이 피로하고 기

운이 떨어져서 병이 깊어 가는 것을 알지 못하다가 죽기 에 이른다."고 합니다.

(『세종실록』 권13 세종 3년 8월 갑인)

이 실록은 우선 사망의 직접적인 원인은 주로 부종병이라는 것과, 이것은 한 마디로 너무나 열심히 공부했기 때문에 생기는 병이라는 것을 말해 주고 있다. 그런데 흔히 몸이 퉁퉁 붓는 병으로 알려진 부종병이 단지 공부를 열심히 했기 때문에 생기는 병이라고 보기는 어렵다. 그보다는 학생들의 생활조건과 더 큰 연관이 있었을 것으로 생각된다. 그 중에서도 생활의 가장 기본인 숙식조건과 관련이 있는 것은 아닌지를 검토해 볼 필요가 있다. 다음 실록은 당시 성균관 유생들의 숙식이 어떠했는지를 대강 짐작케 한다.

(사관이 쓰기를) 서울의 세력 있는 집 자제들은 요행히 생원시에 합격하여 성균관에 들어가도 곧 거처와 음식이 뜻에 맞지 않기 때문에 모두 집안의 힘을 빌어서 관직을 얻어 나가려 한다.

(『태종실록』 권33 태종 17년 윤5월 기사)

쉽게 납득이 가지 않는 일이지만 당시 국가를 대표하는 최고 학부였음에도 불구하고 성균관에서는 학생들이 먹고 자는 가장 기본적인 생활조건에 문제가 있었음을 알 수 있다. 그렇다면 그 구체적인 실상은 어땠는지가 궁금하지 않을 수 없다. 먼저 식사 문제부터 확인해 보자.

(대사헌 등이 아뢰기를) 부모 덕으로 벼슬을 할 수 있는 그 빠른 길을 버리고 누가 오래도록 성균관과 사부학당에서 고생하면서, 아침에는 나물죽을 먹고 저녁에는 소금밥을 먹는 괴로운 길을 택하겠습니까?

(『중종실록』 권22 중종 10년 윤4월 경진)

나물죽과 소금밥. 이들 음식이 구체적으로 어떤 수준인지는 알 수 없으나, 아무튼 당시 학생들이 먹기가 괴로울 정도의 식사였음을 알 수가 있다. 이런 식으로 식사를 계속 했었다면 아무래도 영양결핍 내지는 영양실조를 가져왔을 것이고, 이로 인해 건강에 이상이 생겼을 가능성이 크다.

이번에는 기숙사에 대해 살펴보자. 당시 성균관을 포함해서 국가에서 세운 관학은 모두 학생들이 일정 기간 동안 기숙사에서 기거하도록 되어 있었다. 그런데 문제는 당시 학교 기숙사들은 온돌식이 아니었다는 것이다. 한 마디로 난방에 문제가 있었던 것이다.

온돌이 아닌 이유는 바로 연료 부족 때문이었다. 당시에는 땔감 조달이 넉넉지가 않아 왕들은 대궐 안에서도 온돌을 가능한 한 적게 운영하라고 지시할 정도였다. 사정이 이렇다 보니 학생 기숙사에 온돌을 놓는다는 것은 기대하기 어려운 일이었고, 학생들은 온돌 대신 판상(板床)이라 하여 마루로 된 방에서 기거할 수밖에 없었다.

그런데 조선시대에는 원점법(圓點法)이라는 것이 있었다. 이 법은 원점(성균관 식당에서 아침 및 저녁식사를 하면 동그라미 한 개를 받도록 되어 있었음)이 300개가 있어야만 대과에 응시할 수 있다는 규정이었다. 즉 당시에는 성균관 기숙사에서 300일, 즉 약 10개월간 기거해야만 대과에 응시할 수 있었던 것이다. 그런데 기후라는 것이 오늘날이나 조선시대나 큰 차이가 없었을 것이라고 본다면, 성균관 학생들은 상당 기간을 추운 방에서 고생해야만 했음을 알 수 있다. 이런 생활이 지속되다 보면 건강을 해치게 되는 것은 당연한 일이었을 것이다. 실제로 당시에는 이로 인해 유생들 중에 환자가 생기는 경우가 종종 있었으며, 이 때문에 태종 때는 궁여지책으로 기숙사 한 귀퉁이에 온돌방을 만들어 이들의 휴양소로 쓰도록 지시한 적도 있었다.

결국 지금까지 살펴본 당시 성균관 유생들의 생활 실상과 그들의 사망 원인을 연결시켜 생각하면, 다음과 같은 판단을 내릴 수 있다. 즉 장기간 성균관에 기거하는 동안 조악한 식사로 인한 영양실조, 난방시설 부실로 인한 건강 악화, 그리고 과도한 학습으로 인한 기력 저하, 이것들이 결국에는 부종병을 일으켜 사망에 이르게 된 것으로 추정할 수 있다.

이와 같이 성균관에서 수학한다는 것은 최악의 경우 목숨까지 걸어야 할 만큼 너무나 고통스런 일이었다. 이 때문에 학생들은 성균관에 들어가는 것을 기피하였다. 그렇다면 이들은 과거 시험을 포기한 것인가? 그것은 결코 아니었다. 문제는 어떻게 원점을 해결하는가 하는 것이었는데, 결국 여기서 편법이나 비리가 등장할 수밖에 없었다. 예를 들어 식당 출석부에 대리 서명을 하게 한다든가 부모가 병들었다는 허위 증명서를 제출해 원점을 면제받는 등의 방법이 동원되었던 것이다.

3) 어차피 과거 시험은 경쟁

왜 사교육이었는가? 이 점을 제대로 이해하기 위해서는 과거 시험의 본질을 꿰뚫어 볼 필요가 있다.

과거는 본래 관리를 선발하기 위한 시험이었다. 그런데 응시자들은 항상 많았던 반면 관직은 한정되어 있었다. 따라서 관직을 얻기 위해서는 과거 시험에서 일정한 등수 안에 들어야만 했다. 바꾸어 말하면, 많은 응시자들과의 경쟁에서 반드시 이겨야만 했다는 것이다.

그런데 이러한 등수 경쟁에서 이기려면 남들과 똑같은 방법으로 과거 준비를 해서는 안 되었다. 항상 남들보다 앞서갈 수 있는 방법을 모색할 필요가 있었던 것이다.

앞에서 조선시대에 사교육에 의존하게 된 이유가 학교에 문제가 있었기 때문이라고 설명하였다. 분명히 이것은 맞는 말이다. 하지만 여기서 우리가 간과해서는 안 될 것이 있다. 당시에 사교육을 선호하게 된 가장 핵심적인 원인을 학교 교육 여건의 부실로 보기는 어렵다는 것이다.

이해를 돕기 위해 하나의 가정을 해 보자. 만일 당시 학교 교육이 아주 정상적으로 이루어졌다면 어떻게 되었을까? 과연 당시 학생들은 모두 학교 교육을 받는 것만으로 만족하고 사교육에는 눈을 돌리지 않았을까? 단언하지만, 당시에 학교 교육이 아무리 잘 이루어졌었다 하더라도 수험생들은(정확하게 말한다면 학부모들은) 그것만으로는 안심하지 못했을 것이다. 왜냐하면 그러한 학교 교육은 수험생들의 입장에서 볼 때는 똑같은 조건으로 여겨졌을 것이기 때문이다.

똑같이 공부를 해서 남들과의 경쟁에서 이긴다는 것은 장담할 수 없는 일이다. 그리하여 그들은 항상 불안할 수밖에 없게 되고, 학교 교육 외에 무언가 +α를 모색하지 않을 수가 없게 되었을 것이다. +α란 결국 사교육일 수밖에 없다.

이처럼 사교육이란 시험 제도의 그림자와 같은 것이라 할 수 있다. 그런데 이러한 사교육은 항상 학교 교육보다 높은 수준을 유지해야만 한다는 것이다. 이것이 바로 사교육이 존립할 수 있는 가장 기본적인 조건이기 때문이다. 결국 사교육의 수준이 결정되는 기준은 학교 교육의 수준인 셈이다. 그래서 시험 제도하에서 학교 교육은 사교육과 대결할 때 거의가 패배로 끝나게 되는 것이다. 이것이 바로 학교 교육의 숙명이다. 이 점은 오늘날의 문제만은 아니며 과거제도가 있었던 고려나 조선시대가 그러했고, 과거제도의 본고장인 옛날의 중국 역시 마찬가지였다. 그리하여 이들 시대의 학교들은 거의 모두가 유명무실할 정도로 부진을 면치 못했던 것이다.

4) 학교 선생은 믿을 수 없다

오늘날 과외나 학원이 성행하게 된 가장 주된 이유는 시험 제도로 인한 경쟁심리 때문이다. 그렇지만 사교육이 이처럼 범람하게 된 데는, 학교 교육에 대한 학생들의 불신도 한 몫을 했다고 할 수 있을 것이다. 그 중에서 가장 핵심적인 것은 아무래도 학교 교사들의 실력에 대한 불신이라고 해야 할 것이다.

그렇다면 조선시대는 어땠을까? 우선 당시 관학의 선생들은 어떤 사람들이었는가를 알 필요가 있다. 아래의 실록내용을 살펴보자.

> (대사헌 김귀영 등이 상소하기를) 성균관은 인재를 교육시키는 데 관계된 곳인데, 선생들이 대부분이 합당한 사람이 아니어서 늙고 병든 사람이 아니면 거의 다 인망이 없는 사람들입니다.
>
> (『명종실록』 권30 명종 19년 2월 계축)

성균관은 조선시대 최고 수준의 학교였다. 그랬던 만큼 여기에 배치되는 교사들은 가장 자질이 우수한 사람들이었을 것이라는 생각이 들 수도 있을 것이다. 그러나 실제로는 전혀 그렇지가 않았다. 위의 실록에서 알 수 있는 것처럼, 성균관의 교사들은 한 마디로 자질이 부족한 사람들이 많았다. 이것은 성균관 교사라는 것이 '문제가 있는' 사람들이 가는 자리였기 때문이었던 것이다.

여기에는 나름대로의 이유가 있었다. 이것을 단적으로 알 수 있게 하는 것이 『대학』에 나오는 그 유명한 구절인 "수신제가치국평천하(修身齊家治國平天下)"이다. 이것은 당시 유교적 가치관의 특징을 간명하게 나타내 주는 구절이다. 이 말은 곧 당시 사람들이 궁극적으로 관리가 되는 것을 염원했으며, 그 중에서도 '치국평천하' 할 수 있는 자리, 다시 말해서 백성들을 직접 다스릴 수 있는 관직에 임명되기를 바랬음을 보여 준다. 따라서 같은 관직이라 하더라도 학교에서 가르치는 업무를 맡게 되는 교관(教官)은 한직으로 여겨질 수밖에 없었던 것이다.

사정이 이렇다 보니, 교관직에 자원하는 사람들은 거의 없었다. 결국 학식과 인품이 뛰어난 관리들로 임명해야 할 교관자리를 오히려 평균보다 자질이 떨어지는 관리들로 채우지 않을 수가 없었던 것이다. 또한 이러한 관행은 교관에 대한 이미지를 더욱 악화시켜 교관 하면 으레 무능력자로 인식되어지게 되었다. 다시 말해서, 오죽 변변치 못했으면 교관이 되었을까 하는 식의 생각이 지배적이었던 것이다.

특히 지방학교 교관직에 대한 인식은 그야말로 최악이었다. 당시 국가의 최고 교육기관인 성균관 교관이 되는 것도 꺼려했던 관리들이, 만일 지방학교인 향교(鄕校) 교관으로 발령을 받았을 때 이들의 심정이 어떠했으리라는 것은 짐작이 가고도 남는다. 그들에게 향교 교관은 유배직이나 다름없었다. 실제로 조선시대에는 하자가 있는 관리들 중 상당수가 향교 교관으로 발령되었다. 이처럼 모두가 향교 교관으로 내려가는 것을 싫어함에 따라 큰 행정 단위의 향교에만 대과 출신자를 파견하고, 나머지 하급 지역의 향교에는 편법으로 생원이나 진사와 같은 소과 합격자 또는 그 지방 출신자 중 자원하는 선비들 중에서 뽑아 교관으로 충당했다. 특히 자원자들은 단지 말단직이라도 관직을 얻고 싶어하거나 혹은 병역을 면하려는 사람들로서 봉급도 받지 않는 조건으로 임용되는 경우가 많았다. 그렇다 보니 향교 교관들은 대체로 교육에 대한 열의도 없었을 뿐 아니라 실력도 형편없었다. 세종 때 기록에는 향교 교관 중에 '해(亥)'와 '시(豕)',

'노(魯)'와 '어(魚)' 글자조차 구분하지 못하는, 다시 말해서 거의 문맹 수준인 사람들도 있었을 정도로 문제는 심각하였다. 그러니 당시 학부형들이 학교 선생을 기피하게 된 것은 당연한 일이었다고 할 수 있다.

조선시대 교관들의 자질이 이렇게까지 된 데는 무엇보다도 무성의한 교관정책에도 원인이 있었다고 할 수 있을 것인데, 교관정책의 문제점은 여기서 그치지 않았다. 오늘날 우리들의 상식은 최소한 교사라면 일정한 기간 동안만큼은 한 자리에서 교육에 종사케 해야 한다는 것이다. 사실 이것은 반드시 지켜져야 할 기본 원칙이다. 그러나 조선시대에는 이러한 기본이 지켜지지 않았다.

당시 교관은 말하자면 일반 공무원 개념이었다. 그리하여 조선시대 관리들도 지금과 마찬가지로 순환근무를 하도록 되어 있었다. 성균관 교관에 배치되는 경우 평생을 교관직에 종사하는 것이 아니라 일정 기간이 경과하게 되면 다른 부서로 옮겨 가도록 되어 있었다. 따라서 성균관 교관직은 한 마디로 경유지였을 뿐이다. 특히 앞서 말한 것처럼, 당시 국가에서는 교관직보다는 대민업무직을 중시했기 때문에 우수한 관리일 경우에는 교관직에 임명한 경우라도 임기를 불문하고 일찍 순환시키는 경우가 많았다. 이 때문에 성균관 교관들은 실력의 유무를 떠나 임기가 불안정하게 됨으로써 학부형들의 입장에서는 그들을 믿을 수가 없었다. 결국 그들은 자제들을 학교에 보내는 대신 개인적으로 일반인 교사에게 교육을 맡길 수밖에 없었던 것이다. 이와 관련된 실록기사는 다음과 같다.

(지사 김극픽이 아뢰기를) 스승으로 마땅한 사람을 골라 임명하여 오래도록 자리에 있게 하는 것이 좋겠습니다. 그런데 지금은 성균관과 사학(四學)의 교관을 자주 바꾸기 때문에 유생들이 처음부터 끝까지 한 스승에게서 가르침을 받을 수가 없습니다. 그런 까닭에 학부형이 된 자는 학교에서는 가르칠 수 없다고 하여, 그 자제로 하여금 모두 동네에서 잘 가르치는 사람에게 수업하게 합니다. 이래서 학생을 가르치는 일이 점점 쇠퇴하게 되었습니다.

(『중종실록』 권59 중종 22년 9월 기묘)

그런데 여기서 우리가 흔히 말하는 전통적인 교사상에 대해 짚고 넘어갈 것이 있다. 우리가 흔히 듣는 말 중에 '군사부일체(君師父一體)'라는 것이 있는데, 이것은 임금과 스승과 아버지의 은혜는 똑같이 높기 때문에 하나같이 정성을 다해 섬겨야 한다는 뜻이다. 요컨대 스승은 존경의 대상이었음을 암시하는 말이다. 이와 함께 "스승의 그림자도 밟지 않는다."라는 속담도 같은 의미라고 할 수 있다.

그러나 이런 말들은 최소한 조선시대 학교 선생들에게는 해당되지 않았다. 그들은 결코 존경의 대상이 되지 못했던 것이다. 이런 점에서 우리는 "훈장의 똥은 개도 안 먹는다."라는 속담에 주목할 필요가 있다고 본다. 이는 개조차도 선생을 무시할 정도로 당시 선생들의 사회적 인식은 대단히 낮았음을 보여 주는 속담이다. 지금까지 살펴본 조선시대 학교 선생들의 실상에 비추어 본다면 당시 교사상을 제대로 대변해 주는 속담은 바로 이것임을 알 수 있다.

이처럼 우리가 알고 있었던 것과는 달리 조선시대는 앞서 말한 군사부일체나 그림자도 밟지 않는다는 식의 긍정적인 교사관은 찾아보기 어려운 시대였다. 이러한 교사상은 당시 사람들의 관념 속에만 존재했던 이상적 모델에 불과했을 뿐이다.

2. 예상 문제집이 판을 치다

1) 정말 예상 문제집이 있었을까

조선시대 과거공부 하면 가장 먼저 연상되는 것이 열심히 책을 읽는 선비들의 모습일 것이다. 우리는 그동안 주로 사극류를 통해 이런 모습에 너무 익숙해 왔기 때문에 여기에 대해서는 한 번도 의심을 한 적이 없었던 것 같다. 하지만 당시에 '초집'이라는 것이 애용되었다는 사실을 알게 되면 선비들이 과거공부를 "그냥 열심히" 한 것은 아니라는 것을 깨닫게 될 것이다.

초집(抄集)이란 무엇인가? 이것은 쉽게 말해서 과거 시험에 나올 만한 문제와 모범 답안을 모아 엮어 놓은 책자 같은 것이었다. 한 마디로 예상 문제집이었던 것이다.

만일 독자들이 조선왕조실록에 나오는 선비들의 과거공부 방법을 알게 되면 두 번 놀랄 것이다. 조선시대 선비들이 예상 문제집을 이용했었다는 것에 놀랄 것이고, 이것이 당시에 전국적으로 널리 성행했었다는 사실에 또 놀랄 것이다.

선비와 예상 문제집?! 편법이라는 것은 생각지도 않았을 것 같은 조선시대 선비들 곁에 거짓말처럼 초집이 있었던 것이다.

우선 실록에서 초집에 관한 수많은 '증거' 중에서 하나만을 소개한다.

> (사헌부에서 상소하기를) 온 나라 자제들이 …… 초집만을 과거공부의 좋은 수단으로 여겨 책자로 만드는 경박한 풍습이 굳어져 비록 금지하는 법이 있어도 이제는 막지 못하게 되었습니다.
>
> (『세종실록』 권77 세종 19년 6월 기미)

세종 때라면 조선조 초기였다. 그럼에도 불구하고 나라에서 초집을 막기 위한 법까지도 마련해야 할 정도로 이미 수험생들 사이에는 초집이 널리 퍼져 있었음을 알 수가 있다.

그렇다면 초집에는 어떤 것들이 포함되어 있었나? 그것은 과거 응시생들이 지은 글 중에서도 평판이 좋은 것이나, 기출문제, 다시 말해서 전에 과거 시험에 출제되었던 문제와 여기에 대한 모범 답안이었다. 특히 첫 번째 것은 과거 시험을 염두에 두고 지어 놓은 글이기 때문에 출제될 가능성이 큰 것으로 여겨져 초집에서도 가장 중요한 부분을 차지했으며, 이 밖에도 고금의 유명 인사들의 글 등 과거 시험에 나올 가능성이 있는 글들은 모두 포함되었다.

당시에 초집의 성행은 다음과 같은 학생들의 심리를 반영하는 것이었다. 먼저 지적할 것은 요행심이다. 초집은 어디까지나 예상 문제집이었기 때문에 그 내용이 적중할 수도 있고 그렇지 않을 수도 있었다. 그러나 그들이 초집을 준비할 때는 당연히 자신들이 '찍은' 문제가 과거 시험에 나오기를 바라는 요행심이 작용했었을 것임은 말할 필요도 없는 것이다(설사 초집의 문제가 시험에 출제되지 않았다 하더라도 크게 실망할 일은 아니었다. 왜냐하면 과거 시험은 앞으로도 얼마든지 있으니까…….).

또 다른 심리는 편의주의였다(사실 요행심과 편의주의는 동전의 앞 뒤와도 같은 것이라 할 수 있다.). 앞서 말한 것처럼 과거 시험 준비를 제대로 하려면 그 많은 유교의 경전들에 대한 빠삭한 이해와 함께 글짓는 실력을 연마해야 했다. 그러기 위해서는 어쩌면 수십 년 동안을 뼈를 깎는 노력을 해야만 할지도 모를 일이었다. 초집은 이처럼 고통스럽고 번거로운 과거공부를 편하게 해 보려는 생각에서 나온 결과였던 것이다.

그렇다면 당시 선비들은 어느 정도로 초집에 의존했을까? 우선 다음의 기록을 살펴보기로 하자.

> (성균관 대사성 등이 상소하기를) 성균관 유생들은 책들을 책상에 팽개쳐 두고…… 고금의 인사들이 지은 것 중에 과거 시험에 나올 만한 글이다 싶으면 다 베껴차고 다니면서 밤낮으로 외고 생각하며 열람의 손길을 멈추지 않습니다.
>
> (『세종실록』 권49 세종 12년 8월 경인)

이처럼 선비들은 소위 교과서를 중심으로 차근차근 과거 준비를 한 것이 아니라 예상 문제집에 의존했다. 당시에 선비들의 손때가 묻어 있었던 것은 책이 아니라, 그들이 손수 작성한 예상 문제 노트였다.

초집은 수험생 자신의 한 대(代)에 그치는 것이 아니었다. 다음과 같이 대대로 자손들에게까지 물려주는 경우도 있었다.

(간원이 아뢰기를) 가끔씩 글 잘하는 사람이 한 경서의 논술문제들을 다 지어 놓고 자손에게 전해 대대로 생원 정도에는 합격하는 자도 있습니다.

(『명종실록』 권14 명종 8년 6월 갑신)

생원이라 하면 소과 합격자를 의미하는 것이었다. 특히 초집은 계속해서 과거 합격자를 내야 했던 양반 가문에게 있어서는 대단히 중요한 수단이었다.

초집이 이처럼 과거 시험 준비에 중요했기 때문에 학부모들 역시 여기에 관심을 갖지 않을 수가 없었다. 다시 말해서 어떤 글을 모으느냐 하는 것이 과거 합격에 결정적일 수도 있었으므로, 그들은 가만히 앉아 있을 수가 없었던 것이다. 조선시대 학부모들의 이런 노력을 단적으로 보여 주는 한 사건이 있었는데, 그것이 바로 문종 때의 어제대책(御製對策) 사건이다.

당시 과거 시험 과목 중에는 정치적 식견을 시험하는 책(策)이라는 것이 있었다. 그 시험 문제를 책문(策問), 여기에 대한 답안을 대책(對策)이라 하였는데, 어제대책이란 왕의 지시에 따라 지은 대책으로서 국가에서 작성한 일종의 모범 답안과도 같은 것이었다. 이 어제대책은 과거 시험에서 대책을 작성하는 데 기준이 되기 때문에 수험생들의 입장에서는 입수해야 할 필요가 있었다. 그러나 이것은 공식적으로 수험생들에게 배부되지는 않았다. 따라서 학부모들은 애가 타지 않을 수 없었고, 결국 무리를 해서 이것을 구하려다가 터진 것이 바로 어제대책 사건이었던 것이다. 이 사건의 내용은 이런 것이었다.

문종 즉위년(1450) 때 조정의 관리들이 어제대책을 인쇄소에서 몰래 찍으려다가 발각된 일이 있었다. 왕은 이 소식을 듣고 그들을 문책하려 했으나 결국에는 불문에 붙이고 말았다. 왜냐하면 이 사건에 연루된 관리들이 너무 많았기 때문이다.

이 사건은 당시 유생들이 초집을 만드는 데 학부모들 역시 상당한 역할을 했었음을 보여 주는 사례이다. 특히 이것은 자제들의 과거 합격을 위해서라면 불법적인 것이라도 마다하지 않았던 당시 학부모들의 행태를 보여 주는 사건이었다. 또한 이것은 전에 우리 사회를 떠들썩하게 만들었던 고위 공직자 고액과외 사건과 여러 가지 면에서 닮은 점이 있다고 하겠다.

2) 그들은 왜 예상 문제집을 필요로 했나

그렇다면 조선시대에는 무슨 이유에서 초집이 선비들의 주된 과거공부 방법으로 되었던 것일까? 실록을 자세히 들여다보면 당시에 예상 문제집이 성행하게 된 이유는 그리 간단하지가 않다. 그 이유들이 과연 무엇이었는지를 살펴보기로 하자.

먼저, 과거는 시험이었다. 따라서 당시 수험생들의 입장에서는 시험에서 어떤 문제가 나올 것인가를 예측하고 그것을 집중적으로 준비하는 그런 수험전략을 세울 필요가 있었다. 동일한 시간이 주어졌을 때, 무턱대고 시험 준비를 하기보다는 요령 있게 대처하는 것이 더 좋은 결과를 가져 오게 될 것은 너무나 당연한 일이었기 때문이다.

특히 이런 전략은 당시 과거 시험 출제 방식을 고려할 때 더욱 중요한 의미가 있었다. 그렇다면 조선시대 과거 시험 문제는 어떤 식으로 출제되었을까? 그것은 바로 '문제은행식'이었다. 우리는 다음의 실록을 통해서 이것을 확인할 수 있다.

> (간원이 말하기를) 사서오경의 원문은 한정되어 있으며 …… 제목거리는 한정되어 있으나 그 쓰임은 끝이 없으므로 금년에 낸 문제가 혹 다음해에 나오기도 하고, 서울에서 출제된 문제가 지방에서 나오기도 합니다.
>
> (『명종실록』 권14 명종 8년 6월 갑신)

이처럼 과거 시험 문제 출제의 원천이 되는 사서오경은 그 내용이 한정되어 있었기 때문에 어느 정도의 시간이 경과하게 되면 출제할 수 있는 문제가 바닥이 날 수밖에 없었고, 결국에 가서는 어쩔 수 없이 기출문제들 중에서 번갈아 출제해야만 했다. 그렇다 보니 당시 수험생들도 이러한 출제경향에 대비해 준비하지 않을 수가 없었던 것이다. 특히 일종의 채점용 모범 답안인 정문(程文)이 공공연히 유포되었던 까닭에 예상 답안 작성도 용이하였다

뿐만 아니라 수험생들 중에는 기출문제 외에 새로운 문제를 출제할 가능성에 대비해 그 예상 문제와 답안을 작성해 놓은 사람들이 있었는데, 이들 중 우수하다고 인정된 것들은 자기들끼리 서로 빌려 가 베끼기도 하였다.

초집이 등장하게 된 데는 또 다른 계기가 있었다. 조선시대 대과 시험은 초시(1차)·복시(2차)·전시(3차)로 되어 있었으며, 이 중 초시와 복시는 다시 초장·중장·종장의 세 단계의 시험으로 되어 있었다. 그런데 조선초에는 초시와 복시 초장이 모두 강경 시험이었다. 강경 시험이란 책 내용을 얼마나 잘 알고 있

는가를(정확히 말한다면 얼마나 잘 외우는가를) 평가하기 위한 구술 시험이었다. 그런데 태종 때 강경 시험이 제술 시험으로 바뀐 적이 있었다. 제술 시험은 예를 들어 "인(仁)에 대해 논하시오." 식의 논문식 필답시험이었다. 그러니까 지금의 논술 시험과 유사했던 셈이다.

전에 대학 입시에서 논술 시험을 실시한다는 방침이 발표된 후에 일선 학교 교사나 학생들은 이것을 어떻게 준비해야 할지를 몰라 우왕좌왕했던 것처럼, 그 당시에도 갑자기 제술 시험 방침이 결정되자마자 유생들 사이에서는 적잖은 동요가 있었다. 막막해진 유생들은 할 수 없이 알아서 준비를 해야만 했다. 그 방법은 예상 문제들을 "찍어서" 답안을 미리 만들어 놓는 것이었다(물론 이 과정에서는 과외 교사들이 중요한 역할을 했을 것으로 생각된다.). 그 후 이와 같은 방법은 모든 글짓기 시험에 적용되었던 것이다.

조선시대 수험생들이 예상 문제집에 의존하지 않을 수 없게 된 데는 또 다른 이유가 있었다. 그것은 조선시대에서만 실시되었던 특별한 과거 시험 때문이었다. 바로 별시(別試)였다.

별시는 불시에 실시되었던 과거 시험이다. 이런 점에서 별시는 "별안간 보는 시험" 혹은 "별난 시험"의 줄임말로 생각해도 무방하다. 수험생들의 입장에서 정확한 시험시기를 알 수 없는 경우, 가장 먼저 느끼게 되는 것은 불안감이다. 일반적으로 수험생들은 시험 날짜를 염두에 두고 나름대로 계획을 세워 준비를 하게 되는데, 이 점에 있어서는 옛날이나 지금이나 다를 바가 없다고 해야 할 것이다. 예를 들어, 처음에는 전체적으로 공부를 하다가 시험 때가 임박하게 되면 그동안 공부했던 것을 '총정리' 하는 방법을 취하는 것이 보통이다. 그런데 시험 날짜를 모를 경우에는 아예 시험 준비를 위한 전략 수립이 곤란하게 된다. 가장 우려되는 상황은 당장 한두 달 안에 과거 시험이 실시될 수도 있다는 것이다. 이런 경우를 대비하기 위해서는 장기적인 계획보다는 시험에 나올 가능성이 큰 내용들을 중심으로 준비하는 수밖에 없다. 쉬운 말로 문제를 찍는 수밖에 없다는 것이다.

일단 예상 문제집을 만들어 놓게 되면 그 효용성은 실로 컸다. 왜냐하면 앞서 언급했던 것처럼 당시에는 별시가 상당히 자주 실시되었기 때문이다. 정기 시험인 식년시가 3년에 한 번 실시되었던 것과는 달리, 별시는 최소한 1년에 한 번 이상 시행되었는데, 일단 초집만 만들어 놓으면 이것만 가지고서도 힘들이지 않고 계속해서 과거 시험을 볼 수 있었던 것이다.

그런데 이것은 주로 별시에만 해당되는 것이었다. 왜냐하면 초집은 논술식 문제에 대비하기 위한 것이었는데, 별시는 보통 한 번의 논술 시험으로써 합격생을 선발했기 때문이다. 이와는 달리 시험 과목이 복잡한 식년시는 초집만으로는 합격하기가 거의 불가능하였다.

이것은 곧 초집에 의존했던 선비들은 주로 별시를 염두에 두고 공부했던 사람들이었다는 것을 의미한다. 그런데 당시에는 초집으로만 과거에 응시하려는 선비들이 상당히 많았다. 실제로 조선시대에 별시 응시인원이 식년시의 그것과 비교가 되지 않을 정도로 많았던 것은, 그만큼 초집에만 의존했던 수험생들이 많았었다는 것을 말해 준다.

그리고 조선시대에 초집이 성행하게 된 데는 또 한 가지 중요한 이유가 있었다. 바로 책이 부족했었다는 것이다.

당시에 과거공부를 하는 데 기본이었던 사서오경은 대단히 귀한 물건에 속했다. 실록을 보면, 선비들이 공부를 하고 싶어도 책이 없어 하지 못한다는 내용이 한둘이 아니었다. 그렇다면 그처럼 서적이 부족했던 이유는 무엇인가?

우선 종이가 부족했기 때문이다. 이것은 곧 빈곤했던 조선시대의 경제 수준과 직접적인 관련이 있었다. 사정이 이렇다 보니, 서적 출판 기관이나 유통 기관은 거의 찾아보기가 어려웠다. 즉 출판 기관은 '교서관' 한 곳밖에 없었으며, 특히 서점은 아예 있지도 않았다.

이런 이유 때문에 당시 책들이 대단히 비싸서, 대부분의 선비들은 책을 구하기가 어려웠다. 성종 때 얘기이기는 하지만, 심지어 조정의 관리들조차도 사서오경을 갖고 있는 사람이 별로 없을 정도로 사정은 대단히 심각하였다.

그러나 책들이 없다고 해서 과거 시험 자체를 포기할 수는 없는 것이었다. 만일 사서오경을 갖고 있었던 선비들만이 과거를 볼 수 있었다면, 당시에 과거 응시자들의 수는 그리 많지 않았을 것이다. 그럼에도 불구하고 실제로 과거 응시자들이 대단히 많았었다는 것은 무엇을 의미하는 것일까? 편법이 동원되었다는 얘기다. 바로 예상 문제집이었다. "이 없으면 잇몸으로 산다."라는 속담처럼, 책이 없는 선비들은 예상 문제집으로써 과거 준비를 하려 했던 것이다.

이렇듯 조선시대 선비들은 시험전략의 차원에서 혹은 가난했기 때문에 어쩔 수 없이 예상 문제집에 의존하였다. 이처럼 그들이 자의반 타의반으로 예상 문제집에 매달리게 되면서, 조선시대에 초집은 중요한 과거 준비 방법으로 자리잡게 되었던 것이다.

무엇보다도 예상 문제집이 성행하게 되었던 중요한 이유는 이런 방법이 통할 때가 있었기 때문이다. 즉 당시에는 예상 문제집으로 준비한 선비들 중에 실제로 과거 시험에 합격하는 경우가 간간이 있었다는 것이다. 이런 이유에서 예상 문제집은 과거 시험을 위한 기본 전략이 될 수밖에 없었던 것이다.

그런데 전적으로 초집으로만 과거 준비를 하는 경우와 사서오경을 섭렵하고 여기에다 초집을 병행하는 경우에, 어떤 수험생이 과거 합격에 유리한가는 불문가지다. 전자는 오직 요행에만 매달리는 대단히 불확실한 방법임에 비해, 후자는 두 가지를 병행함으로써 시너지 효과를 올릴 수가 있는 것이었다. 그러나 현실에 있어서 후자의 방법으로 준비하는 선비는 극소수였던 것으로 생각된다.

그런데 우리는 여기서 초집이 조선왕조의 정권 유지와 관련하여 어떤 역할을 수행했는지를 알 필요가 있다. 앞서 살핀 것처럼 만일 과거를 준비하는 데 경서 모두를 읽는 것 말고 다른 방법이 없었다고 한다면, 책이 극도로 부족했던 당시에는 과거 응시자는 극히 제한되었을 수밖에 없었을 것이다. 그렇게 되면 수많은 선비들이 좌절하게 될 것이고, 따라서 이들은 체제에 대한 불만 세력이 될 가능성이 다분하였다. 그러나 초집은 대부분 가난했던 당시 선비들로 하여금 과거에 응시하는 것을 가능하게 하였다. 이처럼 초집은 조선시대의 수많은 빈한한 서생들에게 과거에 응시해 합격할 수도 있다는 희망을 부여해 왔고, 그렇게 함으로써 조선사회의 안정에 상당한 기여를 했던 셈이라고 할 수가 있다.

3) 예상 문제집이 가져온 결과들

초집은 어디까지나 편법이었다. 따라서 초집이 보편화되면서 교육상 여러 가지 부작용이 생기지 않을 수가 없었다.

그 첫 번째가 바로 선비들의 학업 태만이었다. 당시에는 선비들이 예상 문제집인 초집을 중심으로 과거 준비를 하는 것이 일반화되어 있었기 때문에, 심지어는 경서를 가진 선비들 중에서도 굳이 사서오경을 읽으려 하지 않는 사람들이 많았다. 또한 초집은 그 분량이 많지 않았기 때문에 평소부터 그리 열심히 외울 필요가 없었다. 그보다는 과거 시험이 임박하게 되면, 그때 가서 초집을 끼고 다니면서 부지런히 암기하려 하였다.

흔히 알려진 것처럼, 조선시대 선비들은 그냥 열심히 과거공부를 한 것이 아니었다. 만약 조선시대 선비들은 대부분 열심히 공부했었다는 주장을 펴는 사람이 있다면, 이는 과거 시험을 코앞에 두고 부지런히 예상 문제집을 암기하려 했던 선비 군상을 지적한 것에 불과한 것이었다고 할 수 있다. 아래의 실록내용은 당시의 이러한 모습을 여실히 보여 준다.

(김근사 등이 아뢰기를) 선비들이 학업에 태만한데, 이는 과거를 중요치 않게 여겨서 그런 것이 아니라 배우지 않는 것이 습관이 된 것입니다. 평상시에 게으르고 안일하여 놀기만 좋아하다가 과거 시험이 다가오게 되면 진부한 것을 몰래 주워 모아 요행히 지름길을 알아내려고만 하니, 그 폐단이 이미 고질병이 되어 백 가지 방도를 세워 권장해도 이제는 고칠 수가 없습니다.

(『중종실록』 권85 중종 32년 9월 을유)

초집의 유행이 가져온 또 다른 부작용은, 선비들이 학교를 더욱더 기피하게 되었다는 것이다. 한 마디로 선비들이 예상 문제집에 목을 매다 보니 굳이 학교에 가서 공부할 필요성을 느끼지 못하였던 것이다. 초집이 과거공부를 손쉽게 하려는 발상에서 나온 측면이 없지 않다는 점을 생각한다면, 어쩌면 이것은 당연한 결과였는지도 모른다. 무엇보다도 그들이 학교를 기피했던 것은 학교에 가 봤자 힘만 들 뿐 선생들에게 별로 기대할 것이 없었기 때문이다. 그러다 보니, 수험생들 사이에는 차라리 초집에 매달려 요행을 바라는 것이 낫겠다는 생각이 지배적이었다.

초집의 폐단은 여기서 그치지 않았다. 당시 초집의 성행은 과거 자체의 질을 떨어뜨리는 결과를 초래하기도 하였다. 예를 들어 세종 때 기록을 보면 과거 응시자들의 답안지가 거의 비슷한 경우가 있었는데, 이것은 그들이 서로 비슷한 예상 문제집으로 준비했기 때문이었다. 당연히 이들은 모두 불합격 처리되었다.

이와 같은 초집의 폐해 때문에 당시 조정에서는 대책을 세우지 않을 수 없었다. 그 대책 중의 하나는, 선비들이 도저히 예상키 어려운 시험 문제들을 출제하는 것이었다. 그러나 응시생들 중에는 문제의 뜻조차 이해하지 못해 동문서답식의 답안을 작성하는 경우가 많아 다시 쉬운 문제를 낼 수밖에 없었다. 또 다른 대책은 선비들이 초집을 휴대하지 못하도록 하는 것이었다. 특히 선비들을 수색하여 초집이 적발된 자는 정거(停擧)라는 특단의 조치까지 취하였다. 앞에서 살펴본 것처럼, 조선시대에 과거 응시 자격 박탈을 의미하는 '정거'는 중죄인에게나 적용되었던 아주 가혹한 형벌을 의미하였다. 그러나 이러한 제재 조치에도 불구하고, 당시에 초집이 성행하는 것은 나라에서도 어쩔 수가 없었다.

3. 그리고……

1) 위장 전입을 하다

다들 알고 있는 바와 같이, 언제부터인가 공직자 인사청문회를 공개적으로 실시해 오고 있다. 청문회의 목적이 후보자가 해당 공직의 적임자인지를 판단하는 것이어서 그런지 주로 후보자들이 흠결이 있는지를 들춰내려는 데 관심이 집중되어 있다. 그런데 청문회를 통해 드러나는 후보자들의 비리 중에서 가장 흔한 것이 소위 위장 전입이다. 실제로는 거주하지 않으면서 그 주소에 사는 것처럼 허위로 거주지 신고를 하는 것을 말한다. 이러한 위장 전입 사례는 대통령 후보자, 국무총리 후보자, 그리고 그 밖의 수많은 고위 공직 후보자들에게 심심치 않게 찾아볼 수가 있다. 그들의 위장 전입 이유는 대체로 부동산과 자녀 교육 때문인 것으로 나타나고 있다. 그런데 그 중에서 자녀 교육 때문에 위장 전입을 했다고 말하면 세인들의 비난이 그리 크지 않다. 이는 그만큼 우리나라의 학부모들이라면 상황에 따라서는 자신들도 그럴 수 있다는 생각을 갖고 있는 경우가 많기 때문인 것으로 생각된다.

이러한 위장 전입 사례는 일찍이 서울의 강남 8학군에서 볼 수 있었던 것이었는데, 그 후 8학군뿐만 아니라 학군이 좋다고 하는 지역의 경우는 종종 이러한 위장 전입 사례들을 찾아볼 수 있게 되었다. 그런데 언제부터인가는 이러한 위장 전입이 대학 입시 전형의 하나인 '농어촌 특별 전형'에서 문제가 되고 있다. 이 전형은 교육 여건이 낙후된 특정 지역의 학생들에게 대학 입시에서 혜택을 주는 방식인데, 일부 사람들의 경우 농어촌 특별 전형 대상 지역에 거주하지 않으면서 주소지만 옮겨 놓고 대학 입시에서 혜택을 보는 경우가 있다는 것이다.

그런데 이와 유사한 위장 전입이 조선시대에서도 있었다. 중종 29년에 왕이 영릉(英陵: 세종과 왕비 소헌왕후 심씨의 능)에 행차를 하게 되었는데, 왕은 어가 행렬이 지나가는 지역의 거주민들만을 대상으로 과거 시험을 실시할 것을 명하였다. 그런데 이때 서울에 사는 상당수의 유생들이 오래 전부터 그 지역에 거주하였던 것처럼 허위로 꾸며 과거에 응시하였던 것이다. 다음의 기록은 그러한 상황을 잘 보여주고 있다.

> "저번 영릉에 행차할 적에는 오직 지나가게 되는 지역의 본토인만을 뽑기로 되어 있는데도, 서울 유생들이 갖은 수단을 동원해 자기 이름을 부정한 방법으로 명단에 올리고 외람되게도 과거에 응시한 자가 꽤 많았습니다 …… 서울에 있는 유생들이 조금만이라도 농사짓는 것이 있으면 미리 먼저 명단에 끼워 넣고 요행을 바라는 자가 수두룩합니다."
>
> (『중종실록』 권77 중종 29년 7월 정해)

당시의 상황은 서울의 유생들이 왕이 행차하는 지역을 미리 알고 내려가 원주민 행세를 하면서 응시생 명단에 이름을 올리는 것이었기 때문에, 오늘날처럼 실제로는 거주하지 않는 위장 전입과는 다소 차이가 있기는 하다. 그러나 과거 응시 자격이 원래 그 지역 출신의 거주자였음에도 불구하고 서울 유생들이 본토인 행세를 하려 했다는 점에서 지금의 위장 전입 행태와 별반 차이가 없음을 알 수 있다. 중종은 이 일을 계기로 다음 행차 때는 응시생 장부에 이름이 있더라도 그 지역민들이 본토인으로 인정하지 않는 경우는 응시하지 못하도록 지시를 내리게 되는데, 여하튼 시대를 막론하고 수험생들의 행태가 이렇게 유사할 수 있다는 사실이 참으로 희한할 뿐이다.

2) 인성교육은 뒷전

우리가 조선시대 교육에서 오해하고 있는 것 중의 하나는 바로 이런 것이다. 다른 것은 몰라도 당시에는 최소한 인성교육(도덕교육) 하나만큼은 제대로 이루어졌을 것이라는 생각이다. 따라서 입시 위주의 교육 때문에 인성교육이 소홀히 되고 있는 우리들에게 조선시대 교육이 귀감이 되어야만 한다는 생각이 지배적이다.

그렇다면 과연 조선시대에는 우리가 본받을 만큼 인성교육을 제대로 했었을까? 지금까지의 조선시대 교육의 실상을 접해 본 독자라면, 아마도 조선시대 역시 지금과 크게 다르지 않았을 것이라는 점을 쉽게 추측할 수 있을 것이다. 아래의 실록은 당시 인성교육의 실상을 가늠케 한다.

(시독관 정종영이 아뢰기를) 오늘날의 학부형들은 과거에 나 오르기 위한 자질구레한 문장기교나 자제들에게 가르칠 뿐 어릴 때의 교육을 어떻게 해야 할 것인지는 알지 못합니다. 어려서 익히지 않고 자라서 배우지 않으니, 인재가 나지 않는 것이 당연합니다.

(『명종실록』 권18 명종 10년 6월 기사)

한 마디로 과거 시험 위주로 공부를 시키다 보니 올바른 인간의 도리에 대해서는 관심을 갖지 않게 되었다는 얘기다. 이는 입시 위주의 교육에 찌들어 지내는 오늘의 우리들의 입장에서는 너무나 이해가 되고 또 공감할 수 있는 부분이다(서울 강남에 대입 실적도 괜찮은 모 고등학교에서 인성교육을 실시하려 하자 학부모들이 교장에게 "누가 당신더러 인성교육하라고 했느냐. 좋은 대학 보내 달랬지" 하면서 항의를 했다고 한다. 이것이 어찌 그 학교뿐이겠는가?). 여하튼 모르긴 몰라도 왠지 잘 되었을 것이라고 믿어 의심치 않았던 조선시대의 인성교육은 오늘날의 우리와 별 차이가 없었음을 알 수 있다.

무엇보다도 조선시대 인성교육에 얼마나 신경을 썼는지를 판단할 수 있는 것은 '소학(小學)'이라는 책에 대한 관심도라고 할 수 있다. 익히 알려진 것처럼, '소학'이라 하면 유교사회의 도덕규범 중 기본적이고 필수적인 내용을 모아 놓은 책으로서 한 마디로 도덕 교과서라 할 수 있다.

오늘날 많은 학자들이 '소학'이 담고 있는 중요한 내용 때문에 관심을 갖고 연구를 하고 있는 것으로 안다. 그런데 문제는 그들이 명시적이든 혹은 묵시적이든 간에 조선시대에는 '소학'이

필독서였으며, 그랬던 만큼 거의 모든 선비들이 읽었을 정도로 보편화되었을 것으로 전제하고 있다는 것이다. 그러나 이는 어떤 분명한 사료에 근거한 것이라기보다는 추측성 언급에 불과한 것이다.

실상은 그게 아니었다. '소학'이 얼마만큼 중요한 내용을 담고 있었든 간에, 이것은 당시 과거 준비에 치중했던 대부분의 선비들에게 중요한 책이 아니었던 것이다. 그동안 학자들마다 이구동성으로 '소학'이 애지중지되었다고 한 주장들을 무색하게 만들 언급이지만, 이것은 엄연한 사실이었다. 당시에 '소학'에 대한 수험생들의 입장이 어떠했는가 하는 것은 다음의 실록내용이 잘 보여 준다.

> (대사헌 김당이 아뢰기를) 지금 사람들은 총각을 면하면 모두 시(詩)와 부(賦)만을 익히고 '소학'에는 전혀 힘쓰지 않고 과거 시험만 중하게 여기니, 어느 틈에 마음을 다스려 효도와 우애에 힘쓰겠습니까?
>
> (『중종실록』 권26 중종 11년 11월 신사)

그렇다면 어째서 그렇게 중요한 책이라고 하는 '소학'이 홀대되었을까? 그것은 과거 시험과 '소학'과의 관계 때문이었을 것이라는 점에 착안한다면, 누구라도 쉽게 감을 잡을 수 있을 것이다. 그렇다. '소학'은 과거 시험에 안 나오는 책이었기 때문이다.

그렇다고 해서 '소학'이 과거 시험과 전혀 무관한 것은 아니었다. 소과(생원 · 진사시)는 초시와 복시 두 번 시험을 치뤄야 했는데, 초시 합격자들은 이듬해 복시에 응시하기 위해 서울에서

등록을 해야 했다. 이때 학례강이라 하여 '소학'과 '가례(家禮)'에 대한 테스트가 있었는데, 이것은 정식 시험이라고 보기는 어렵고 단지 책을 펴 놓고 간단히 내용을 질문하는 형식적인 시험에 불과했다고 할 수 있다. 결론적으로 전체 과거 시험에서 '소학'이 차지했던 비중은 극히 미미한 것이었다. 따라서 오직 과거 시험에만 관련된 책만을 중시했던 당시 유생에게 '소학'은 찬밥 신세가 될 수밖에 없었던 것이다. 조선시대에 '소학'이 어느 정도로 소홀히 되었는가 하는 것은 아래의 실록에서 너무나 분명하게 확인할 수 있다.

> (사경 기준이 아뢰기를) 오늘날은 간혹 '소학'을 배우려는 사람이 있더라도 경박한 무리들이 다투어 서로 비웃기 때문에 도리어 꺼리고 배우려 하지 않습니다.
>
> (『중종실록』 권26 중종 11년 11월 신사)

3) 벼락치기 공부가 많았다

"옛날 선비들은 어떻게 공부했을까?"라고 물으면 아마도 대부분 사람들은 "평소에 열심히 했겠지."라고 대답할 것이다. 사실 이런 대답도 무리가 아니다. 왜냐하면 지금까지 TV 사극에서 비쳐진 그들의 모습이 그랬고, 우리가 읽었던 책들의 내용이 그랬기 때문이다.

그러나 이것은 사실과 다르다. 한 마디로 벼락치기 공부였다.

이것을 구체적으로 설명하기 전에 먼저 말해 둘 것이 있다. 조선시대 선비들은 모두가 벼락치기로 공부를 했다는 것이 아니다. 그들 중에는 평소 때부터 꾸준하게 열심히 과거 준비를 했던 이들도 분명히 있었을 것이다. 그러나 전체적으로 봤을 때 이런 선비들은 예외에 속했다고 할 수 있다. 이 점을 분명히 해두는 바이다.

그렇다면 그들은 어떤 식으로 벼락치기 공부를 했을까? 먼저 언급할 것은 과거 시험 중에서 가장 핵심이었던 식년시의 경우다. 3년마다 정기적으로 실시했던 식년시는 대과의 경우, 앞서 설명한 것처럼 초시·복시·전시의 3단계 시험으로 되어 있었는데, 그 중에서 전시는 거의 형식적인 시험에 불과했다는 점을 감안한다면, 중요한 시험은 결국 초시와 복시였던 셈이다. 그리고 초시는 식년(式年 : 자·오·묘·유 글자가 들어가는 해를 말함. 예를 들면 갑자년, 경오년 등임) 전 해 가을에, 복시는 식년 봄에 실시되었다. 그런데 초시와 복시에서는 여러 과목들을 시험했는데, 여기에 대비하기 위해서는 기본적으로 엄청난 분량의 사서삼경(오경은 소과 중 생원시 준비 과목이었고, 삼경은 생원·진사 공통의 대과 준비과목이었음)을 섭렵하면서 동시에 문장력을 연마해야 했기 때문에, 상당한 시간이 걸릴 수밖에 없었다. 과거 시험의 기본인 식년시가 3년간의 간격을 두고 실시하려 했던 데는 그럴 만한 이유가 있었던 것이다. 여하튼 정상적으로 봤을 때 수험생들은 평소에 열심히 준비해야만 과거 시험에서 합격을 기대할 수 있었다.

그러나 당시 대부분 수험생들의 전략은 우선 초시준비를 대충

하고, 그렇게 해서 만약 합격을 하게 되면 2차 시험인 복시 공부는 그때 가서 하려는 경우가 많았다. 특히 복시 과목들 중에는 사서 삼경을 얼마나 잘 암기하는가를 테스트하는 강경 시험이 있었다. 그런데 초시 합격 후 복시까지 기간은 약 8개월로서, 이 짧은 기간에 그 많은 분량을 암기한다는 것은 무리 정도가 아니라 어불성설이었다. 이러한 풍조에 대해, 당시 실록은 다음과 같이 말해 주고 있다.

> (지사 서거정이 아뢰기를) 가을에 초시를 실시하고 이듬해 봄의 복시 때 강경 시험을 보므로, 학생들이 스스로 생각하기를 "올 가을에 초시에 합격하면 8월부터 내년 3월까지 모두 여덟 달이니, 그때 가서 글 읽기에 힘써도 강경 시험을 볼 수 있겠다." 하는데, 이런 생각 때문에 글은 읽지 않고서 놀러 다니며 이야기나 하면서 날을 보내는 것이 온 세상의 풍조입니다.
>
> (『성종실록』 권220 성종 19년 9월 갑자)

심지어 선비들 중에는 경서 시험을 겨울 동안인 3개월만에 속성으로 준비하려 했던 경우도 적지 않았다. 그런데 이런 식으로 벼락치기식의 공부는 당연히 부실할 수밖에 없는 것이었다.

때에 닥쳐서 과거 준비를 하려는 풍조는 복시와 같은 특정한 시험에만 국한된 것이 아니었다. 초시라든가 비정기 시험인 별시를 준비하는 데에서도 별반 다를 것이 없었다. 특히 이 두 시험에서는 보통 일종의 논술 시험인 제술과목이 있었는데, 앞서 살펴본 것처럼, 제술은 예상 문제집이라 할 수 있는 초집으로 하려는 경향이 지배적이었다. 그런데 당시 선비들은 초집만 믿고 과거 시험 때가 임박해서 급하게 준비하는 것이 일반적이었던 것으로 보인다. 다음은 특히 초시 준비와 관련된 실록의 내용이다.

> (성균관 대사성 권채 등이 상서하기를) 우리나라에서 3년마다 과거 시험을 실시하는 법은 그 유래가 이미 오래 되었으나, 글을 배우는 자들이 미리 시험볼 시기를 알고서 한가히 놀면서 공부를 안 하고 있다가, 시험 때가 다가오면 여러 글을 주워 모아 가지고 요행이나 바랍니다.
>
> (『세종실록』 권61 세종 15년 8월 임인)

그런데 여기서 한 가지 짚고 넘어가야 할 것이 있다. 과거 시험 준비를 미뤄 두었던 선비들이 모두 할 일 없이 놀고 지냈겠느냐 하는 것이다. 그들 중에는 어쩔 수 없이 벼락치기 공부를 할 수밖에 없었던 경우도 적지 않았을 것임을 생각해 봐야 할 것이다. 집안이 가난하여 평소 때는 농사와 같은 생업에 매달려야 했던 선비들의 경우에는, 부득불 시험 때에 임박해서나 겨우 준비를 할 수밖에 없었을 것이다. 특히 이들은 전국적으로 봤을 때 결코 적은 수는 아니었을 것으로 생각된다. 이처럼 당시 선비들의 벼락치기 공부 행태는 과거공부를 지속적으로 할 만한 경제적인 토대가 부족했다는 구조적인 요인에도 원인이 있었다고 할 수 있을 것이다.

4) 조기교육에도 관심이

조선시대 부모들은 아이들을 몇 살 때부터 과거공부를 시켰을까? 조선 후기 실학자였던 이익(1681~1763)은 "아이들이 머리털이 마르기도 전에 과거공부를 한다."라고 하여 당시에는 아주 일찌감치 과거 준비를 시키려 했음을 알 수가 있다. 그렇지만 그의 표현은 다소 과장된 감이 없지 않으므로, 다른 기록을 살펴보기로 하자.

> 지금의 학부형이 된 자들은 자제가 말귀를 알아듣는다고 판단하게 되면 곧 장구(章句)의 학문과 문구를 꾸미는 글을 가르치고 사람의 도리를 알기 전에 물질 쪽으로 유도하므로, 사모하는 것은 과거 급제요, 바라는 것은 부귀입니다.
>
> (『인종실록』 권2 인종 원년 4월 정미)

조선시대 부모들은 아이가 말을 알아들을 때가 되면 곧바로 과거공부를 시켰다는 것을 알 수 있는데, 조선시대 때 말이 지금과 크게 다르지 않고 말을 가리는 시기가 양 시대 아이들 사이에 차이가 없다고 본다면, 대략 만 3~4세가 과거공부를 시키기 시작했던 나이라고 할 수 있을 것이다(중국에서도 처음으로 과거공부를 시키는 나이는 이와 비슷하였다.).

특히 "장구의 학문"을 가르쳤다는 것은 경서의 내용을 가르치고 암기시키는 것을, 그리고 "문구를 꾸미는 글"은 시나 문장을 짓는 글짓기 교육을 의미하는 것으로서, 이것들은 모두 과거 시험 과목을 의미하는 것이었다. 또한 조기 과거교육은 학업과 관련된 내용뿐만이 아니라 자제들이 분명한 목표의식을 갖고 열심히 공부하도록 이런 말을 해 주었을 것이다. "너 이 다음에 커서 과거에 장원급제하면 높은 벼슬도 하고 나라에서 녹도 받기 때문에 호강할 수 있느니라!" 특히 이런 내용을 담고 있는 책으로 『고문진보(古文眞寶)』가 있었는데, 이 책은 원래 중국에서도 자제들의 과거공부를 독려하기 위해 사용되었다고 한다. 아마도 조선시대 역시 과거공부를 겸해서 자제들에게 가르쳤던 것으로 생각된다. 그 내용은 다음과 같다.

> 부자가 되려고 좋은 토지를 사들일 필요가 없나니
> 책 속에 천 섬의 곡식이 들어 있도다.
> 편안히 살려고 어마어마한 집을 지을 필요가 없나니
> 책 속에 황금으로 지어진 집이 들어 있도다.
> 외출을 함에 시중들어 줄 사람이 없음을 한탄하지 말라.
> 책 속에 수레와 말이 무수히 있도다.
> 아내를 얻으려 함에 쓸 만한 중매가 없음을 한탄하지 말라.
> 책 속에 여인이 있으되 얼굴이 옥과 같이 아름답도다.
> 남아로 태어나 인생의 목적을 이루고 싶거든
> 육경을 창 앞에 놓아 두고 부지런히 읽으라.

이런 글귀를 접하면서 자란 조선시대 아이들은 장원급제라는 오직 한 가지 바람밖에는 없었을 것이다.

조선시대 부모들이 이처럼 일찍부터 아이들에게 과거교육을 시키려했던 이유는 무엇일까? 그것은 말할 것도 없이 경쟁심 때문이었을 것이다. 극소수의 사람들만이 합격할 수 있는 과거 시험에 대비하기 위해서는 남들보다 한 발 앞서가야 한다는 강박관념에서 벗어날 수 없었을 것이고, 이것은 자연스럽게 아이들을 조기 과거교육으로 몰고 가는 현상으로 나타나게 되었던 것이라고 할 수 있다.

그렇다면 지금은 어떤가? 한 마디로 오늘날 우리 부모들 사이에서 조기교육 열풍은 더욱더 대단하다. 유아들을 위한 교육은 이미 보편화되었으며 젖먹이들을 대상으로 한 교육 프로그램이 인기가 있는가 하면, 더 나아가 태교에 대한 관심까지도 눈에 띄게 늘고 있다. 이러한 모습들은 일찍부터 아이들의 재능을 계발해 주려는 노력이라고 할 수 있지만 그 이면에는 부모들간의 경쟁심이 자리하고 있다는 점을 간과해서는 안 될 것이다. 앞으로 닥칠 또래들과의 경쟁에서 이기기 위해서는 될 수 있는 한 일찍부터 준비시키는 것이 유리한 것이라는 생각이 암암리에 깔려 있는 것이다. 그리고 경쟁심을 자극하는 원인은 바로 대학입시라고 해도 과언이 아니다. 이처럼 지금의 조기교육이라는 것은 아이들을 일찌감치 대학 입시 경쟁으로 내모는 것이라 할 수밖에 없다.

필자가 보기에 소위 '선행 학습'이라는 것도 조기교육의 한 변종이다. 선행 학습이란 상급 학교의 교과내용을 미리 앞당겨 배우게 하는 것인데, 예를 들면 중학생이 고등학교 과정을, 초등학생이 중학교 과정을 미리 배운다는 것이다. 이런 현상이 전에도 없지는 않았으나 그것의 정도는 그리 주목할 만한 것은 아니었다. 그러나 요즈음 초등학교 4학년 때 시작해 6학년 때 중학교 3학년 과정을 마치는 학생들도 상당수 있을 정도라고 한다. 이것은 그동안 학생들을 끌어 모으려는 일부 학원들 사이의 경쟁과 남보다 한 발 앞서야 한다고 생각하는 학부모들의 강박의식이 어우러져 만들어진 결과라고 할 수 있을 것이다.

5) 조선시대 오렌지족과 과거공부

한때 오렌지족이란 말이 유행한 적이 있었는데, 이는 강남 일대에서 고급 승용차를 몰고 다니면서 유흥이나 즐기는 부유층의 자녀들을 지칭하는 말이다. 이들은 부모가 경제적·사회적으로 상당한 위치에 있기 때문에, 그것을 믿고 공부는 소홀히 한 채 사치와 오락에 빠져 살고 있다고 설명해도 지나친 말은 아니다. 요컨대 부모 덕에 미래가 보장되어 아등바등 살 필요를 못 느끼는 부류들인 것이다.

조선시대에도 이러한 오렌지족이 있었다. 그렇다면 그들은 누구였고 어떤 생활을 했던 사람들이었을까? 실록에서 그들의 존재를 다음과 같이 확인시켜 준다.

> (왕이 교지를 전하기를) 근래에는 유생들이 글 읽기를 하지 아니하면서 살찐 말을 타고 가벼운 옷차림이나 한 채 연줄로 벼슬에 진출하기를 도모하여 선비의 기풍이 날로 저하되니 뒷날 벼슬에 오르게 되어도 학덕이 없는 것은 이 때문이다.
>
> (『중종실록』 권17 중종 7년 11월 정해)

여기서 '살찐 말'은 지금의 고급 승용차와 같은 의미고 '가벼운 옷'은 명품 옷의 다른 표현이다. 한 마디로 사치스런 생활의 상징이었다. 이들은 집안의 '빽'으로 과거 시험을 거치지 않고도 벼슬을 할 수 있었다. 그렇다 보니 공부에는 관심을 갖지 않게 되었던 것이다.

그리고 아무런 준비 없이 관리가 되다 보니 학식도 없고 도덕성도 부족하게 될 수밖에 없었다. 그들은 이런 이유 때문에 주위로부터 손가락질을 받게 될 수도 있는 것이었지만, 최소한 힘든 과거공부로부터 벗어날 수는 있었던 것이다.

물론 오늘날의 부유층 자녀들이 전부 오렌지족이 아니듯이 조선시대 명문가의 자제들이 모두 안일한 생활을 했던 것은 아닐 것이다.

다만 여기서 말하려는 것은 양 시대 모두가 그런 경향이 분명히 존재하였다는 것이다.

몇 백 년이라는 시간의 차이에도 불구하고, 조선시대와 오늘의 사는 모습에 별 차이가 없다는 것이 신기할 따름이다. 어쩌면 이런 생각이 드는 것이 필자의 무식함의 소치일지도 모르겠다. 원래 인간이란 어느 시대든 크게 다르지 않은데…….

6) 모범생은 '왕따'

조선시대 학생들 사이에서도 '왕따'가 있었다. 그들은 바로 '범생'(오늘날 모범생의 은어)들이었다. 쉽게 믿겨지지 않을 얘기겠지만 이것은 사실이었다. 다음의 실록을 들여다보자.

> 오늘날 학생들은 명예만을 위하고 진실한 공부에 힘쓰지

않습니다…… 간혹 열심히 글을 읽는 사람이 있으면 친구들에게 도리어 멸시를 받을 정도입니다.

(『세종실록』 권49 세종 12년 8월 경인)

이와 함께 다음의 기록 역시 당시 분위기를 이해하는 데 도움이 된다.

(지금 학생들은) 사모하는 것은 과거 급제요, 바라는 것은 부귀이며 옛 사람의 공부하는 도리를 이야기하는 사람이 있으면 떼지어 웃고 헐뜯습니다.

(『인종실록』 권2 인종 원년 4월 정미)

이처럼 조선시대에는 모범적으로 공부하는 학생들이 왕따를 당했다. 그 이유는 그들의 공부 방법이 주류에서 벗어났기 때문이다.

그렇다면 당시 공부 방법의 주류는 어떤 것이었나? 앞서 살펴본 것처럼, 당시 공부는 곧 과거 준비 공부였고, 그 방법은 대체로 예상 문제집인 초집 위주였다.

그리하여 평소에는 공부를 등한시하다가 과거 시험이 코앞에 닥쳐서야 이 초집을 외우려고 법석을 떠는 것이 당시 학생들의 일반적인 모습이었다. 이런 분위기에서 교과서를 중심으로 그 내용을 음미하면서 성실하게 공부하려는 모범생들은, 대다수 학생들의 눈에 곱게 보일 리가 없었던 것이다.

그런데 이들이 따돌림의 대상이 되었던 것이 단순히 공부 방법이 튀었다는 그 자체 때문만이 아니었다. 튄다는 것은 곧 자기들보다 열심히 공부한다는 것을 의미하였고, 이것이 그들을 불안하게 만들었기 때문이다. 그래서 당시에 열심히 공부하려 했던 학생들은 다른 학생들의 질시대상이 되어 따돌림을 당하게 되었던 것이다.

이런 현상은 오늘의 우리 교실의 모습과 너무나 흡사하다. 지금 교실에서는 공부를 열심히 하려는 지극히 정상적인 학생들이 오히려 비정상적으로 취급되고 있다. 이들은 '범생'이라는 이름으로 놀림받고 따돌림 당하는 경우가 적지 않다.

그런데 오늘날 공부의 필요성을 느끼지 못하는 학생들이 현저하게 늘어남으로써, 공부를 잘하는 우등생이 환영받지 못하고 있다.

어떻게 보면, 지금의 현상은 학생들이 공부로부터 해방되고 싶은 욕구를 집단적으로 실현시키려고 하는데, '범생'들이 눈엣가시가 되고 있기 때문인지도 모르겠다. 특히 이것은 양 시대의 사회적 특징과 무관하지 않다.

조선시대는 사람 대접받기 위해서는 과거에 합격해야만 했기 때문에 공부하는 것 외에는 별다른 대안이 없었다. 다만 될 수 있는 대로 고생을 덜 하면서 과거 준비를 하려는 것이 대세였기 때문에, 정상적인 방법으로 열심히 하는 학생이 따돌림의 대상이 되었던 것이다.

지금은 어떤가? 학생들 사이에는 대학시험에 합격하지 못하더라도 (혹은 않더라도) 다른 방법으로 성공할 수 있다는 믿음(?)이 조금씩 늘어나고 있다. 뿐만 아니라 감각적이고 오락적인 대중문화와 컴퓨터 게임, 그리고 인터넷 등에 마음을 빼앗기고 있는 학생들은, 자신들의 행위를 합리화시키기 위해서라도 그러한 믿음을 애써 고수하려 한다. 이런 분위기에서 공부에만 매달리고 있는 소수의 학생들은 다수 학생들의 정서에 거슬리는 존재가 될 수밖에 없게 되고, 그래서 이들은 왕따가 되고 있는 것이다.

제4부

조선시대 과거공부를 되짚어 보며

1. 과거 없으면 공부도 없다

조선시대 선비들은 왜 공부했을까? 물론 과거 때문이었다. 그렇다면 과거 시험을 볼 수 없게 된 선비들은 어땠을까? 다음의 실록은 명쾌한 답을 제시하고 있다.

> 남항(南行 : 과거를 거치지 않은 관리)에 나온 자를 과거에 응시하지 못하게 하면, 그 사람은 반드시 배우는 일을 버리고 다시는 배우지 않을 것입니다.
>
> (『중종실록』 권25 중종 11년 5월 무자)

이처럼 당시 선비들은 과거에 응시할 일이 없다면 공부를 하려 하지 않았다. 이것은 곧 그들이 공부하려 했던 이유가 오직 과거 때문이었음을 보여 준다. 이는 조선시대의 선비들은 과거보다는 자신의 인격 수양이라는 순수한 목적 때문에 공부를 했을 것이라는 우리들의 상식(실제로 이런 식으로 설명하는 책들이 전부라고 해도 과언이 아니다.)과는 상당히 거리가 있는 셈이다. 사실 당시에 먹고 살기도 힘든 형편에 선비들이 그렇게 절실하지 않은 인격 수양을 위해서 공부를 했을 것이라고 단정한다는 것은 문제가 있는 것이다. 물론 이것은 어디까지나 일반적인 차원에서의 얘기다.

그런데 공부의 목적이 바로 과거 때문이었다는 것은 일단 과거에 합격하게 되면 더 이상 공부를 하려 하지 않았음을 의미하는 것이기도 하다. 이것은 마치 오늘날 수험생들이 일단 대학에 들어가기만 하면 대체로 학업에 소홀히 하는 경향이 있음을 생각할 때 충분히 짐작이 가는 일이다. 그렇다면 당시에는 실제로 어땠을까? 이것은 아래의 실록내용에서 쉽게 확인할 수가 있다.

> (사관이 말하기를) 문과를 통해 관리가 된 사람들은 대개가 배움을 생계의 수단으로 여기기 때문에 일단 과거에 합격하면 곧 학업을 버린다.
>
> (『태종실록』 권11 태종 6년 5월 임인)

당시 선비들은 대과에 합격하여 관리가 되기만 하면, 그때부터 공부에서 손을 떼었음을 알 수 있다. 이와 같은 한탄조의 내용은 실록에서 자주 발견할 수 있는데, 그만큼 당시에는 그러한 행태들이 너무나 보편적인 현상이었다는 얘기다. 그야말로 공부는 과거시험에 합격해 관리가 되기 위한 수단에 불과했던 것이다.

그런데 공부가 관리가 되기 위한 방편이었다면, 당시에 과거시험을 거치지 않고도 관리가 될 수 있었던 부류들은 결국 공부를 하려 하지 않았던 사람들이었다는 얘기인 셈이다. 다음의 기록은 그들의 존재를 확인시켜 준다.

> (참찬관 김안국이 아뢰기를) 문벌의 자제는 먹고 자라는

것만을 편안히 여겨 단순하게 생각하고 어렵게 여기는 것이 없습니다. 그리하여 평소에 글공부에 종사하지 않아서 지식을 얻는 바가 없어 관리가 된 두에는 일하는 데 어둡고 직무에 게으릅니다.

(『중종실록』 권25 중종 11년 5월 경자)

여기서 말하는 문벌의 자제라는 것은 집안의 덕택으로 관리가 될 수 있는 사람들로서, 대체로 공신·고관·중요 직책자들의 자제들이었다. 그러나 사실 이러한 특혜 집단의 수는 그리 많은 것은 아니었다. 중요한 것은 관리 등용 시험인 과거를 거치지 않고도 관직에 오를 수 있는 집단이 있었다는 것과, 이들은 이런 특혜 때문에 굳이 공부를 하려 하지 않았다는 것이다. 요컨대 당시 사회에서 과거는 공부를 해야 했던 단 하나의 이유였던 것이다.

2. 민족성 시비

우리는 가끔씩 무질서의 현장을 목격하거나 할 때 답답한 마음에 "역시 우리나라 사람은 안 돼!"라는 식의 자조적인 말을 내뱉는 경우가 있다. 이것은 우리 민족성이 근본적으로 문제가 있어 무엇을 제대로 하기 어렵다는 한탄의 말일 것이다. 기실 이런 생각을 하게 된 것은 일제 식민지 교육의 영향이 크다고 할 수 있다. 아무튼 흔히 '엽전의식'이라고 하는 조선인들의 이러한 콤플렉스는 당시 과거공부 방법과 관련해서 드러나는 경우도 있었다. 조선시대 유생들의 과거공부 행태는 결코 바람직한 모습은 아니었다. 그리하여 당시의 식자들 중에는, 마치 오늘날 지식인들이 입시 위주의 공부 풍조를 개탄하는 것처럼, 그러한 상황을 우려하는 사람들이 많았다. 그들은 무엇보다도 왜 이런 일이 생기는가에 대해 고민하였다. 그리고 그들이 내린 결론 중의 하나는, 바로 우리의 민족성에 문제가 있다는 것이었다. 우선 중종 때 영사(領事) 정광필의 말을 들어 보자.

> 신이 당초에 이 과거('현량과'라는 추천에 의한 관리임용 제도를 말함)를 실시하는 것을 바라지 않은 까닭은 다름

아니라, 우리나라 사람은 중국 사람처럼 순박하지 않아서 뒷폐단도 많을 것이고…….

(『중종실록』 권37 중종 14년 12월 계해)

그는 우리나라 사람들이 관직에 대한 집착이 강하여 과거 시험과 관련해 수단과 방법을 가리지 않기 때문에, 여러 부작용이 생길 수 있음을 암시하고 있다. 특히 그는 우리 민족이 중국 사람들과는 달리 순박하지 않아 과거 시험 외에 추천제와 같은 변칙적인 제도를 실시할 경우 문제가 생길 수밖에 없다고 주장했다.

역시 정광필의 언급으로서, 다음의 내용은 보다 더 직접적이다.

우리나라 선비들은 기질이 다 경박하여 만약에 자주 별시를 실시한다면, 다 경서를 읽지 않고 초집을 통해 과거에 응시하는 공부만 힘쓸 것입니다.

(『중종실록』 권184 중종 11년 7월 갑진)

정광필은 당시 선비들이 초집으로 과거 준비를 하려는 세태가 우리나라 선비들의 기질이 경박함에 기인한 것이라는 자가 진단을 내렸던 것이다. 그런데 우리나라 선비들에 대한 평가를 하는 데 비교가 되었던 것은 중국의 서생들이라 할 수 있다. 혹자는 당시 정광필이 우리나라 선비들의 경박성을 운운하는 것은 당시에 보편화되었던 사대주의적 발상에서 연유된 것이라고 단정할 수도 있을 것이다. 여하튼 정광필의 언급이 자신의 실제 체험을 토대로 한 것인지는 분명하지는 않으나, 만일 그가 중국의 서생들이 과거공부하는 모습을 목격했었더라면 그들이 조선의 선비들보다 훨씬 더 성실하게 비쳐졌을 가능성이 다분하다. 여기에는 그럴 만한 이유가 있다.

과거에 응시하려는 사람들은 기본적으로 과거 시험에 합격함으로써 현실적인 이익을 얻으려는 생각을 가지고 있었다. 이 때문에 교육은 단지 과거에 합격하기 위한 수단으로밖에 여기지 않게 되었다. 이것은 과거제도가 실시되었던 모든 공간에서 발견할 수 있는 공통적인 현상이라고 할 수 있다. 과거제도가 있었던 중국의 전통사회에서도 과거 준비생인 '독서인'들의 꿈은 과거에 장원급제하는 것이었고, 따라서 공부의 목적도 오직 이것을 위해서였다. 이 점에 있어서는 한국인과 중국인 간에 별다른 차이가 없었다. 그렇다면 여기서는 민족성을 운운할 필요는 없게 되는 것이다.

그런데 과거 합격을 위해 준비하는 그들의 행태에 있어서는 차이가 있었다. 단적인 예가 바로 앞서 언급한 것처럼, 조선시대 과거 준비생들은 주로 초집이라는 간편한 방법을 이용하려 했던 반면에, 중국의 경우는 그런 편법적인 방법보다는 장기간에 걸쳐 꾸준히 과거공부를 했다는 것이다. 그렇다면 이러한 차이는 곧 양국 과거 준비생들의 민족적 기질의 차이에 기인하는 것인가? 결론부터 얘기한다면, 그것은 양자간의 제도적·경제적 여건의 차이 때문이라는 것이다.

먼저 제도상의 차이라는 것은 과거 시험 제도의 차이로서, 조선에는 별시라는 제도가 있었으나 중국에는 이것이 없었다는 것이다. 별시의 유무는 결과적으로 초집에 대한 의존도에 있어서 엄청난 차이를 가져왔다. 앞에서도 설명한 바와 같이, 조선시대의 경우는 언제 시행될지 모르는 별시는 선비들을 불안하게 만듦으로써 초집이라는 예상 문제집에 의존하도록 하였을 뿐만 아니라, 별시의 시험 과목을 제술로 정함에 따라 초집을 지속적으로 확산시키는 결과를 초래했던 것이다. 반면에 중국의 경우는 오직 정기 시험 제도만을 고수함으로써 결국 장기간에 걸친 꾸준한 공부 외에 다른 편법이 통할 여지가 별로 없었던 것이다(별시 문제에 관한 더욱 자세한 논의는 뒤에서 하기로 한다.).

또한 양국의 경제적 수준의 차이 역시 그들의 과거공부 스타일에 중요한 영향을 미쳤다. 이 점 또한 앞서 살펴본 것처럼, 중국은 경제적인 여건이 정상적인 과거공부를 뒷받침할 수 있도록 갖춰져 있었다. 과거 준비에 기본이 되는 서적이 널리 보급되어 있었으며, 수험생들은 장기간의 과거공부를 지속할 만큼 생활이 윤택하였다. 이에 비해 조선의 경우는 서적이 제일 귀한 물건임으로 해서 웬만한 선비들은 엄두조차 내기가 어려웠다. 뿐만 아니라 대부분의 선비들은 생업을 제쳐놓고 평균 20~30년이 걸리는 과거공부에만 전념할 그런 여유는 없었다. 그러나 상황이 이렇다고 해서 결코 과거 시험을 포기할 수 없는 것이었기에 어쩔 수 없이 편법적인 방법을 취할 수밖에 없었던 것이다.

요컨대, 조선시대 선비들의 과거공부 행태는 민족적 기질로부터 연유된 것이 아니라는 것이다. 당시에 정광필이 한탄해 마지않았던 것처럼 우리의 선비들이 순박하지 않아서도 아니고 경박했기 때문은 더더욱 아니었다. 초집으로 공부하는 모습이 경박하게 보일 수는 있을지언정, 경박했기 때문에 초집으로 공부한 것은 분명 아니었다.

3. 별시가 문제였다

조선시대 교육의 특징을 결정한 것은 역시 과거 시험이었다. 이런 점에서 조선시대의 교육 문화는 바로 시험 문화라고 할 수 있을 것이다. 또한 중국의 전통사회에서도 과거제도가 있었다. 따라서 중국의 교육 문화 역시 시험 문화가 기본이었다.

그러나 조선의 시험 문화와 중국의 그것은 분명한 차이가 있었다. 단적인 예가 바로 초집을 중심으로 한 과거 준비와 학업의 등한시, 그리고 과거 시험 때에 임박해서 준비하는 풍조 등이라 할 수 있다.

그런데 과거공부 문화라는 것이 바로 과거제도와 어떤 식으로든 밀접한 연관이 있을 것이라고 본다면, 이러한 이질적인 과거공부 문화는 바로 중국과는 다른 과거제도로부터 기인되었을 것이라는 추론이 가능해진다.

앞서 언급한 바와 같이, 조선시대와 중국의 과거제도를 비교할 때 가장 두드러진 차이는 역시 별시제도이다. 그렇다면 별시의 유무에 따른 양국의 과거공부 문화의 차이는 어땠는지 좀 더 자세하게 살펴보기로 한다.

중국의 경우, 특히 조선과 비슷한 시기인 명·청대에서는 과거를 3년마다 한 번씩 실시하는 원칙을 고수했다고 앞서 언급한 적이 있다.

이처럼 3년 주기의 정기 시험 제도하에서는 다음과 같은 현상이 생길 수밖에 없다. 만일 한 개인이 과거에 응시할 수 있는 전체 기간을 약 30년으로 잡을 경우, 중국의 서생들에게는 열 번의 기회가 주어진다고 할 수 있다.

그들은 이것말고는 선택의 여지가 없었으므로 어떻게든 이 기회들을 놓치지 않으려 했을 것이다. 그렇다면 그들은 어떻게 준비를 했을까? 3년에 한 번 실시하는 시험에서의 성패는 이 기간 동안 얼마나 성실히 준비했느냐에 따라 좌우될 수밖에 없는 것이었다.

예를 들어, 예상 문제집이라는 편법은 간편할지는 몰라도 절대로 확실한 방법은 아니었다. 따라서 중국의 서생들은 조선시대의 초집같은 방법에는 크게 관심을 갖지 않게 되었던 것이다.

별시제도가 있었던 조선은 어떠했는가?

우선 똑같이 30년을 기준으로 했을 때, 조선에서의 과거 응시 기회는 기본적으로 식년시 10회와 이보다 훨씬 더 많은 별시기회가 있었다.

즉 별시는 식년시가 있는 해를 제외하고 보통 매년 1회 이상 실시했었다는 사실을 감안하면, 같은 30년 동안 조선의 선비들은 중국의 서생들보다 최소한 20회 이상을 더 응시할 수 있었던 것이다. 이것은 상대적으로 조선 선비들의 정신상태가 이완될 수밖에 없었던 이유였다고 할 수 있다. 다시 말해서, 매년 과거 시험을 볼 수 있다는 사실 때문에 조선의 선비들은 심리적으로 느긋해질 수밖에 없었다는 것이다. 이러한 정신상태는 곧 학업에 대한 태만으로 연결되었던 것이다.

뿐만 아니라 앞서 살펴본 바와 같이, 별시라는 과거 시험은 불시에 그리고 자주 실시하는 것을 기본 원칙으로 했기 때문에 선비들은 당장 있을지도 모를 별시를 준비하기 위해서는 급조된 방법, 다시 말해서 시험에 나올 만한 문제들만 모아 놓은 초집이라는 편법을 쓰지 않을 수 없었던 것이다.

일단 초집을 갖추게 되면, 열심히 공부할 필요성을 느끼지 못하게 됨으로써 평소에 학업에 소홀히 하게 되는 풍조를 낳게 되었다.

이와 함께 정기 시험인 식년시뿐만 아니라 잦은 별시는 선비들로 하여금 항상 마음을 들뜨게 만들어 장기간 진득하게 공부할 수 없게 만듦으로써 실력이 축적된 선비들을 찾아보기 어렵게 만들었다. 간단히 말해서, 별시는 조선사회의 저학력 구조를 초래하게 한 직접적인 원인이 되었다고 할 수 있다.

중국에서 옛부터 회자되어 왔던 "과거는 교육의 재앙"이라는 말처럼, 과거제도는 교육에 치명적인 악영향을 미쳐 왔다. 조선시대 역시 이 점에 있어서는 예외일 수 없었으며, 설상가상으로 별시라는 변형된 과거 시험을 실시하게 됨으로써 조선시대 교육은 더욱더 황폐화될 수밖에 없었던 것이다.

그런데 조선은 왜 별시를 실시했던 것일까? 그 이면에 숨겨진 저의는 무엇인가? 어떻게 보면, 별시는 당시에 대부분을 차지했던 가난한 유생들의 처지를 감안하여 그들에게 과거에 응시할 수 있는 기회를 주기 위해 실시되었던 시험 제도로도 볼 수 있다. 이렇게 하지 않았다면 상당수의 유생들은 불만세력으로 있게 될 것이고, 그럴 경우 조선왕조의 입장에서는 큰 부담이 되었을 것이다.

별시를 통해 우리는 조선시대 통치술의 한 측면을 읽을 수 있게 되는 것이다. 아울러 이러한 별시 정책과 초집이라는 편법을 묵인하려 했던 것은 서로가 무관하지 않았을 것임을 쉽게 추측할 수 있다.

4. 조선시대 선비들의 학력(學力) 수준

조선시대 선비들은 너나 할 것 없이 한문책을 줄줄 외울 뿐만 아니라 해석도 거침없이 했었을 것이라고 우리는 알고 있다. 마치 지금 우리들이 한글로 된 책을 읽는 것처럼 쉽게…….

과연 그랬을까? 여기서 당시 선비들의 한문 실력을 가늠할 수 있게 하는 기록을 살펴보자.

> (대사간 김수녕이 아뢰기를) 오늘날 선비들이 모두 경서를 통하지 못하는데…… 『논어』, 『맹자』의 첫 부분조차 해석하지 못하니 그 나머지는 가히 알 수 있을 것입니다.
>
> (『성종실록』 권8 성종 원년 12월 갑진)

『논어』나 『맹자』라면 경서 중에서도 비교적 쉬운 내용의 책들이다. 그럼에도 불구하고 당시 선비들이 대부분 첫 줄부터 막혔다는 것은 충격적인 일이 아닐 수 없다. 더군다나 여기서의 선비들은 당시 최고 학부였던 성균관의 교직원과 학생들이었다.

뿐만 아니라, 연산군 때 기록에는 소과 합격자인 생원・진사들 중에도 이러한 경서 글귀들을 제대로 띄어 읽지 못하는 사람들이 대단히 많았다고 되어 있다. 흔히 구두(句讀)를 뗀다라고 하는데, 잘 아는 것처럼 한문 문장은 처음부터 끝까지 글자들이 붙어 있어서, 적절한 곳을 끊어 토를 달아 읽는 것이 관례였다. 따라서 제대로 띄어 읽지 못했다는 것은 곧 문장을 제대로 해석할 능력이 없었음을 의미하는 것이다.

그렇다면 어째서 이런 일이 생길 수 있었는가? 대답은 간단하다. 공부를 제대로 하지 않았기 때문이다. 여기서 공부라는 것은 사서오경의 공부를 의미하는 것이다. 이처럼 경서 공부를 등한시하게 된 이유는 앞서 말한 초집 때문이었다. 예상 문제집에 의존하려는 경향으로 인해 굳이 경서 읽는 법을 배우려 하지 않았던 것이다.

이처럼 경서 공부에 소홀하게 됨으로써 당시 선비들의 기초 학력은 부실하게 될 수밖에 없었다. 그리고 이것은 자연스럽게 과거 응시자들의 자질 저하로 이어지게 되었다.

> (왕이 하교하기를) 지금 선비들의 경서 시험의 방목(榜目 : 합격자 명단)을 보니 8도의 200여 명이 모인 데서 합격자가 33명의 숫자를 채우지 못했으니, 이는 선비들이 학업에 힘쓰지 않아서 그런 것이다.
>
> (『중종실록』 권77 중종 29년 윤2월 경신)

이처럼 전국에서 몇 차례의 관문을 거쳐 대과 시험에 응시한 200여 명이나 되는 선비들 중에는 합격자 정원인 33명을 채우지 못할 정도로, 당시 선비들의 학력 수준에는 문제가 있었던 것이다. 그나마 이 경우는 과거 응시자 숫자가 합격자 정원을 훨씬 상회하는 것이었지만, 어떤 때는 아예 응시자 숫자가 33명에도 못 미치는 경우도 있었다. 중종 때 기록을 보면, 식년시 경서 시험에 응시한 인원이 28명에 불과했다고 되어 있다. 이는 당시 선비들이 대체로 경서 공부를 하지 않아서, 경서를 시험하는 과거 시험에 응시할 만한 사람들이 별로 없었기 때문이다. 미래에 국정을 맡게 될 인재들의 자질이 이 정도였다면, 국가의 입장에서도 실로 심각한 일이 아닐 수 없었다. 그렇다면 이에 대한 국가의 근본적인 대책은 어떠했는가?

그들은 선비들 학력 저하의 가장 큰 원인이 초집에만 의존하려는 경향 때문이었다는 것을 알고 있었다. 그렇다면 아예 이런 방법으로는 통하지 않도록 과거 시험 제도를 바꿀 필요가 있었다. 그것은 바로 별시제도를 없애든지, 아니면 별시 시험 과목을 경서 시험으로 못박는 것이었다. 그러나 그들은 이러한 조치를 취하지 않았다. 그 이유는 앞서 살핀 바처럼, 별시가 수행하는 정치적 기능을 무시할 수 없었던 것이다. 그리고 별시 시험 과목을 경서 시험으로 변경했을 때 따르게 되는 부작용, 다시 말해서 많은 수의 수험생들을 상대로 일 대 일 구술 시험을 볼 경우, 사정(私情)이 개입될 여지가 많고 장시간이 소요됨으로써 국가경제의 기반인 농사를 망치게 될 지도 모른다는 우려 때문이었다.

결론적으로 당시 조정으로서도 별다른 대안을 제시하지 못했다. 그러기는커녕 한술 더 떠서, 나중에는 과거 합격자 정원을 채우기 위해 자격이 미달되는 응시생까지도 합격시키기까지 했다. 예를 들면, 중종 때 일로서 규정상 통(通)·약(略)·조(粗)·

불(不) 4단계 중에서 '약' 이상의 성적을 올린 응시생만을 합격시켜야 했는데, 합격자 인원이 부족할 때는 그 아래 단계인 '조'의 성적도 합격시킨 경우도 있었다. 이렇게까지 해야 했던 이유는, 만일 과거 시험 합격자 정원을 채우지 못할 경우 국가시험으로서의 체면이 서지 않기 때문이라는 것이었다. 이러한 편법적 조치는 선비들로 하여금 과거공부의 목표 수준을 낮추도록 만드는 계기가 되었다. 다시 말해서, 과거공부는 대충해도 된다는 생각을 불어넣어 주게 되었던 것이다. 이 때문에 당시 선비들의 저학력 악순환은 되풀이될 수밖에 없었던 것이다.

제5부

과거 시험은 우리교육에게 무엇인가

1. 우리 학력병의 뿌리 : 과거 합격

오늘날 우리나라 학부모들은 자식이 최소한 대학은 나와야 한다고 생각하고 있다. 뿐만 아니라 이왕이면 일류 대학을 졸업하기를 간절히 바란다. 부모들은 자신이 아무리 돈이 많거나 지위가 높아도, 자식이 대학에 못 다니거나 일류 대학에 다니지 못하면 기가 죽는다. 오늘날 한국 사회에서 전 국민이 공통적으로 믿는 종교는 '대학교'(大學教)라고 하는 자조적인 말은, 우리 사회가 얼마나 대학에 집착하고 있는가를 잘 보여 준다. 이처럼 학력(學歷)에 대한 집착은 그 도가 지나쳐 그야말로 병적인 수준에 이르고 있다 해도 과언이 아니다.

이따금씩 평생 동안 온갖 궂은 일을 하면서 푼푼이 모은 전 재산을 대학에 기부한 노인분들의 얘기가 매스컴에 보도되곤 한다. 그런데 재산을 기부하게 된 이유를 들어 보면, 대개가 "평생 공부 못한 것이 한이 맺혀서"라고 밝힌다. 얼마나 한이 맺혔으면 안 먹고 안 입고 모은 목숨 같은 재산을 쾌척하게 되었을까? 자신들처럼 돈이 없어 공부를 못해 한이 되는 그런 사람들이 없었으면 하는 바람 때문이라는 말을 들을 때, 우리는 가슴이 아프다. 그런데 그들이 말하고 있는 '공부 못한 한'은 학식에 대한 미련은 아니다. 바로 학력(學歷) 또는 학벌에 대한 '한'인 것이다. 이것은 곧 우리 사회가 학력을 중시하는, 그래서 학력이 별 볼일 없는 사람들에 대한 차별이 심한 사회임을 반증한다(그동안 불우한 학생들을 위해 재산을 내놓은 노인분들은 모두가 존경할 만하다. 하지만 그 분들 중에서도 특히 눈길을 끄는 사람은 한 일본군 위안부 출신 할머니다. 할머니가 내놓은 돈은 5,000만 원. 물론 그 분의 전 재산이다. "나도 고아로 자라 야학에서 8개월 배운 것이 전부야. 부모 없는 아이들이 나 같은 길을 걷지 않게 하고 싶어." 이것이 전 재산을 쾌척한 이유다. 그동안 할머니의 삶을 가장 힘들게 한 것이 무엇인지가 여기서 묻어 나온다. 이것이 바로 우리 사회인 것이다. 그래서 더욱 가슴이 저민다.).

우리교육계의 고질적인 문제점을 지적할 때 흔히 학부모들의 '맹목적인 교육열'을 이야기한다. 이것은 자식들을 왜 교육시키느냐에 대해 신중히 생각해 보지 않은 채 무조건 아이들을 가르치고 보려는 부모들의 행태를 비판하는 말이라 할 수 있다.

우리 한국인들의 교육열에 대해서 항상 비판적인 시각만 있는 것은 아니다. 부존자원이 절대적으로 부족한 우리나라가 이만큼의 경제발전이 가능했던 것은 바로 교육받은 인재들이 많았기 때문이고 이것은 곧 어느 나라에도 뒤지지 않는 높은 교육열에 힘입은 바가 컸다는 주장들은, 우리 국민의 교육열을 긍정적으로 평가하고 있는 단적인 예라 할 수 있다.

그런데 여기서 주목해야 할 것은 우리의 '맹목적인 교육열' 혹은

'세계 최고의 교육열'이 과연 무슨 의미를 지니느냐 하는 것이다. 그것은 곧 한국 사람들이 세계에서 가장 학력에 집착하고 있는 국민들이라는 얘기다. 그렇다면 왜 이렇게 되었을까? 이것은 말할 것도 없이 우리 사회는 학력이 한 개인의 운신의 폭을 좌우할 만큼 중요하기 때문이다.

그런데 역사적인 안목에서 살펴보면, 학력 집착 현상은 바로 과거제도에서 연유된 것임을 알 수가 있다. 이것은 우리 선조들이 과거에 합격하기 위해 학교 교육에 힘썼는데 이런 전통이 지금에까지 영향을 미치고 있다는 식의 얘기가 아니다. 앞에서도 말한 바 있지만, 조선시대에는 학교 졸업에 관심이 있었던 것은 아니었다. 설사 당시 최고 학부였던 성균관을 졸업했다 하더라도 이것은 사회적으로 하등의 중요한 경력이 되지 못했기 때문이다.

과거제도가 지금 학력병의 중요한 원인이었다는 사실을 이해하기 위해서는 구한말로 거슬러 올라갈 필요가 있다. 구한말인 1894년에 국가제도의 대대적인 개혁을 단행하기 위한 '갑오개혁'이 실시되었다. 이때의 개혁 내용 중에 주목할 것은 신분제 철폐와 관리 임용법 개정이었다. 신분제 철폐 조치는 앞으로 관리의 조건으로서 양반 여부를 따지지 않게 되었음을 의미하는 것이었고, 관리 임용법 개정은 종전의 과거제도를 폐지하고 신지식을 시험하는 새로운 선발 제도로 전환하겠다는 것이었다.

그런데 이 새 관리 임용법에서는 당시 근대학교에서 공부한 학생들이 결정적으로 유리하였다. 또한 시간이 지나면서 특정한 학교, 다시 말해서 관립 근대학교 졸업생들을 곧바로 관리에 임용하였다. 이렇게 되자 관립 근대학교에 입학하는 것은 출세의 관건으로 인식되어졌다. 결국 이때부터는 학교에서의 수학 경력, 즉 학력(學歷)이 사회적으로 중시되기 시작했다.

그렇다면 그 당시 학력에 대한 집착 현상은 단지 그것이 관리가 되기 위한 요건이었다는 한 가지 이유 때문이었을까? 당시에 학력을 중시하게 된 데는 또 다른 배경이 있었다. 다시 구한말로 돌아가서 갑오개혁 때 단행된 과거제도 폐지가 어떤 의미를 지니는 것이었는지를 살펴볼 필요가 있다.

앞에서 말한 것처럼 조선시대에 과거 합격이 갖는 의미는 관직이나 호칭의 획득을 통한 사회적 위신의 격상과 함께 관직에 상응하는 부의 획득이었다. 그리고 당시에는 대과에 합격함으로써 얻게 되는 '급제', 소과에 합격해 얻는 '생원', '진사'라는 호칭들은 오늘날 학력과 비슷한 개념으로 인식되었다. 이와 함께 이러한 호칭들은 학식뿐만이 아니라 그 사람의 도덕성의 수준과도 동일시되었다. 그런데 구한말에 과거제도가 폐지되면서 한 개인의 사회적 위상을 판단하는 기준이 일시적으로 증발하게 되었던 것이다.

그 후 시간이 지나면서 종래의 과거 합격과 동일한 의미를 지닌 것으로 받아들여진 것은 바로 학교 졸업이었다. 즉 종전의 '과거 합격'은 '학교 졸업'으로 대치되었던 것이다. 이제 학교 입학은 출세를 위해 그리고 '배운 사람(도덕적인 사람)'으로 대접받기 위해 반드시 성취해야 할 과업이 되었던 것이다. 그리하여 종전에는 과거에 합격하기 위해 그렇게 목을 매었던 것처럼, 구한말부터는 입학 시험에 합격하기 위해 필사적인 노력을 하지 않으면 안 되었던 것이다. 특히 종전에는 신분제 사회임으로 해서 과거 시험에 응시할 수 있는 계층이 한정되었던 것에 비해 이제는 신분제가 철폐됨에 따라 종전과는 비교할 수 없을 정도의 많은 국민들이 학교에 들어가기 위한 경쟁에 동참할 수 있게 되었다. 그리고 이것은 이왕이면 보다 '상급 학교', 보다 '일류 학교'를 위한 경쟁을 부추기는 결과를 가져왔고, 우리나라 학력주의 사회의 막은 이렇게 올려졌던 것이다.

그런데 과거제도는 능력 있는 사람만이 통치할 수 있다는 믿음을 우리 선조들에게 심어 주었다. 과거 합격자만이 관리가 될 수 있고 이들만이 다스릴 자격이 있다는 것, 이것은 너무나 합리적이고 자연스러운 것이라는 믿음을 넘어서서 하나의 신념의 차원으로 승화되었던 것이다. 이런 신념은 오늘날에도 크게 다르지 않아 배운 사람, 즉 학력 있는 사람이 성공하고 사회에서 대접받는 것이 당연하다는 정서가 짙게 깔려 있다.

2. 과거 시험,
그것은 교육의 재앙이었다

앞에서 살펴본 조선시대 과거공부의 실상들은 하나같이 부정적인 모습이었다. 어떤 독자들은 혹시 필자가 의도적으로 그런 부분만을 부각시킨 게 아닌가, 그리고 일부의 사례들을 과장하여 일반적 현상으로 호도한 것이 아닌가 하는 의구심을 갖고 있는 경우도 있지 않을까 싶다. 여기서 그 분들을 위해 전에 시험의 교육적 기능을 다룬 아시아 지역 유네스코 보고서 내용 중에서 특히 시험이 갖는 역기능에 대해 소개하고자 한다(아래 부분은 김신일 교수의 저서인 "교육사회학"에서 관련 내용을 가져온 것이다.).

〈시험의 역기능〉

① 암기력을 주로 테스트 한다.

② 교육과정의 일부분만을 다룬다.

③ 선택적 학습과 선택적 교수를 부추긴다.

④ 시험 기간에 공부를 집중시켜, 정상적 공부 습관을 약화시킨다.

⑤ 시험의 결과가 사회적으로나 경제적으로 중요해짐에 따라, 학생들의 불안감을 조성하고 시험에 관련된 사람에게 비정상적 행위를 유발시킨다.

⑥ 교육과정, 교수 방법 등에 관한 교육 개혁을 가로 막는다.

이처럼 유네스코 보고서가 적시한 시험이 교육에 미치는 부작용들의 리스트를 보면, 앞에서 다룬 조선시대 과거공부 실태와 별반 다르지 않다는 사실을 알 수가 있다. 이는 곧 시험이 보편적으로 교육에 미치는 악영향이 있을 수밖에 없음을 보여주는 것이라 할 수 있다. 이처럼 시험이 있는 곳에는 거의 동일하게 부정적인 교육 현상이 벌어질 수밖에 없는 것이라고 할 때, 조선시대 역시 예외가 될 수는 없는 것이다. 따라서 앞서 언급한 부정적인 실태들은 어찌 보면 자연스런 일들이었다고 할 수 있을 것이고, 따라서 필자에 대해서도 의구심을 가질 필요가 없지 않나 싶다.

그런데 위의 리스트와 관련하여 특별히 한 가지를 추가적으로 언급할 것이 있는데 그것은 바로 "공교육이 위축되고 사교육이 성행한다."이다. 물론 이 항목이 ⑤번의 '비정상적 행위'에 포함되어 있는 것으로 볼 수도 있겠으나, 특히 한국의 경우 시험이 초래하는 가장 심각한 부작용이 사교육 문제라고 할 수 있기 때문에 우리가 생각하는 시험의 역기능으로서 필히 언급될 필요가 있다고 본다. 이 항목이 누락된 것은 아마도 이 보고서가 연구대상 국가로서 다른 어떤 나라보다도 시험을 중요시하는 한국을 포함시키지 않았을 뿐만 아니라, 다른 국가들은 한국만큼 시험이 중요하지 않아 사교육이 이슈가 될 정도는 아니었기 때문이 아닌가 한다.

여하튼 조선시대에 과거는 당시 교육을 심각하게 왜곡시켰던 장본인이었다고 할 수 있다. 그동안 편법이라고는 추호도 생각지 않는 우직한 학습 자세, 과거공부는 곧 인격 수양이었다는 이미지는 어디까지나 허상이었던 셈이다. 그것들은 누구에 의해 만들어진 것인지는 알 수 없지만 만들어진 이미지, 혹은 극히 예외적인 케이스였다고 할 수 있다. 한 마디로 과거 시험이 지배했던 조선시대의 그 공간에서는 '교육'은 없었다. 이 점에 있어서는 과거제도의 본고장인 중국 역시 마찬가지였다. 그리하여 중국에서는 일찍이 과거제도의 폐해를 뼈저리게 체험한 결과, "과거는 교육의 재앙"이라는 말이 식자들 사이에 회자되어 왔던 것이다. 그리고 그들의 말처럼 조선시대 역시 과거는 교육의 재앙이었다.

3. 과거 시험의 핵심 : 공정성

과거제도는 기본적으로 추구하는 몇 가지 원칙이 있었다. 첫째는 신분 개방이다. 원래 과거제도는 귀족 세력을 누르기 위해 실시하려 했던 제도였고, 이 때문에 종전에 귀족 가문에서만 관리를 뽑던 것을 평민들에게까지 그 대상을 개방하였던 것이다. 둘째는 능력 중시이다. 관리 선발 요건이 종전처럼 '신분'이 아니라면 자연히 '능력'이 중요시 될 수밖에 없었다. 셋째는 공정한 운영이다. 관리 선발을 출신 가문에 구애되지 않고 오직 능력 위주로 선발하기 위해서는 객관적인 능력 검증과 공평무사한 운영이 요구되었다. 특히 과거는 공정하다는 믿음이 있을 때 백성들이 이 제도를 지지하게 될 수 있었기에, 공정성은 과거제도의 핵심적 조건이었다고 할 수 있다.

그런데 이처럼 과거제도의 공정성에 대한 신뢰는 이 제도의 우월성을 믿게 되는 것을 넘어, 이것을 적극적으로 지지하려는 정서를 형성시키는 계기가 되었다. 이렇게 하여 과거제도의 미덕은 곧 공정성이라는 인식이 보편화되었고, 이러한 인식은 과거제도가 안정적으로 유지될 수 있는 원동력이 되었다고 할 수 있다. 이러한 생각은 통치자 역시 마찬가지여서 과거 운영에 있어서 최우선적 원칙을 공정성에 두게 되었던 것이다.

왜 당시 사람들이 과거제도의 공정성에 큰 관심을 갖게 되었는지를 이해하기 위해서는 과거제도와는 다른 선발방식인 천거제(추천제)에 대한 옛 사람들의 인식을 들여다 볼 필요가 있다. 천거제의 기본 전제는 후보자를 추천하는 천거자의 자질이 완벽해야 한다는 것이다. 다시 말해서 어떤 인물이 관리로서 자격이 있는지를 판단하는 안목과, 자격자들 중에서 누가 가장 탁월한가를 객관적으로 변별하는 능력과, 그리고 사심(私心)이 개재되지 않는 완벽한 도덕성을 갖춰야 한다는 것이다. 그러나 천거제를 지지하는 사람들은 가까이서 개인의 됨됨이를 알고 있는 사람이 추천할 경우 훨씬 더 훌륭한 자질을 지닌 인재를 선발할 수 있다는 믿음에만 집착할 뿐, 그것이 과연 현실적으로 가능한가라는 의문은 갖지 않았던 것으로 보인다. 어떤 제도의 취지가 좋다면 그 결과도 좋을 것이라는 그야말로 순진한 사고의 한 유형이라 할 수 있다. 그들이 그러한 의문을 갖지 않았던 것은 추천인들이 탁월한 안목과 공평무사함을 갖췄을 것으로 전제했었기 때문이 아닌가 한다. 그러나 현실은 그들의 믿음과는 달라서, 최소한 추천자들 중에는 인재를 판별하는 안목이 부족하고 사심이 지배하는 부류들도 있었다는 것이다. 그리하여 과연 뽑힐 사람이 뽑혔는가에 대한 의문이 제기될 수밖에 없었고, 이런 이유로 인해 추천제는 일찍이 제도의 공정성에 대한 의문이 제기되고, 그렇게 해서 중간에 폐지될 수밖에 없었던 것이다(이 부분에 대해서는 뒤에서 좀 더 자세하게 논의할 기회를 갖기로 한다.).

이러한 경험은 곧 사람이 인재를 판단한다는 것은 한계가 있으며, 역시 시험이라는 객관적 도구를 통해 분별해 내는 것이 훨씬 더 신뢰할 수 있고 또 공정할 수 있다는 믿음을 강화시키게 되었고, 그렇게 해서 과거제도는 그 가치가 인정되어 오랫동안 유지될 수 있었던 것이다.

그런데 과거제도의 공정성에 대한 믿음은 그 시험 방식의 특징인 획일성과 관련이 있다고 할 수 있다. 누구든지 예외없이 동일한 시험을 치러야 한다는 것은 누구에게든지 동일한 잣대가 제시되는 것, 즉 동일한 기회가 주어진다는 것을 의미하는 것이었고, 이는 과거 시험이 공평한 제도임을 각인시키는 중요한 계기가 되었다.

지금의 우리 국민들에게 대학 입시는 절대적인 관심의 대상임이 분명하다. 그래서 자녀들의 시험 준비에 모든 것을 다 쏟아 붓는 상황이다. 이러한 상황에서 학부모들이 입시에 대해 공통적인 바람이 있다면 바로 시험의 공정성일 것이다. 시험 방식이 객관적이어서 평가가 객관적으로 이루어질 수 있는, 다시 말해서 평가하는 사람의 주관이나 재량이 개입될 수 없는 그런 객관적 방식이어야 하며, 이를 통해 학생들이 노력한 만큼 보상이 주어지는 그런 시험일 때 학부모들은 그것이 공정하다고 판단하게 될 것이다.

시험은 공정해야 한다는 믿음은 조선시대 선조들이나 지금의 우리나 마찬가지다. 마찬가지인 이유는 조선시대의 과거 시험이나 지금의 대학 입시가 한 학생의 운명을 결정할 만큼 중요하기 때문이다. 이것은 우리나라만의 특별한 상황이다. 분명 다른 나라들은 우리와 같지 않다. 외국에서는 대학 입학이 우리만큼 중요한 의미를 갖는 것은 아니다. 그렇기 때문에 외국은 시험의 공정성에 대한 고민의 수준이 우리와 차이가 있을 수밖에 없다. 외국은 그렇지 않은데 우리만 유별나다고 말할 수 있는 건 아니다.

따라서 시험은 공정해야 한다는 조선시대의 과거제도가 지금의 우리에게 전해주는 메시지를 수용하는 것을 시대착오적인 행위로 치부해서는 안 될 것이다. 삶의 조건이 유사하다면 시대의 신·구와 상관없이 그 시대들이 요구하는 시험의 요건 역시 마찬가지일 것이다. 혹시 우리나라 사회가 외국처럼 학력(학벌)에 집착하지 않게 되는 날이 오게 된다면 모를까, 그 전까지는 우리의 상황에서 가장 중요한 입시의 덕목은 바로 공정성이라 할 수 있을 것이다.

4. 그래서 입학사정관제는 유보되어야 한다

입학사정관제란 간단히 말해서 각 대학에서 학생 선발을 전담하는 입학사정관이 학생의 잠재능력과 창의력, 발전 가능성 등을 종합적으로 판단하여 각 대학이 추구하는 인재를 선발하는 제도다. 이 제도는 얼마 전까지 활발히 운영되어 오다가, 최근에는 학생부 종합전형이라는 새로운 옷으로 갈아입고 다시 등장하는 양상을 보이고 있다.

그런데 이러한 입학사정관제도가 우리나라의 대학 입시 방식으로 과연 적합한가에 대해 근본적인 차원에서의 논의가 있었어야 함에도 불구하고, 그동안 제대로 된 고민의 과정도 거치지 않은 채 이 제도는 중요한 입지를 굳혀왔던 것으로 보인다. 하지만 이 자리에서는 한국이라는 나라에서 이 제도가 과연 타당한 것인가에 대해 좀 더 심도있게 논의를 해보고자 한다. 혹시 일부 독자들은 필자가 바로 전에 했던 과거제도의 공정성과 연계하여 그 부적절성을 주장하려는 것이 아닌가 하는 짐작을 했을 지도 모르겠다.

앞서 언급한 것처럼 우리나라의 경우는 다른 어떤 나라보다도 시험(입시)의 공정성이 요구된다. 그리고 이러한 시험의 공정성이 무엇보다도 중요하다는 점에 대해서는 대체로 이의를 제기하지 않을 것으로 본다. 따라서 일단 입학사정관제가 얼마나 공정한가를 검토해 본 후, 만일 공정성에 심각한 문제를 안고 있다면 이 제도를 실시하는 문제를 전면적으로 재검토해 볼 여지가 있을 것이다.

입학사정관제는 무엇보다도 객관적인 '도구'를 통해서가 아니라 '사람'이 평가하여 선발하는 제도라는 것이다. 그렇다면 그들이 갖춰야 할 기본 자질 및 조건은 바로 능력있는 학생들을 변별해 낼 수 있는 안목, 그리고 100% 공평무사한 완전한 도덕성이라 할 수 있다. 물론 이 부분과 관련하여 해당 대학들은 당연히 연수를 통해 필요한 자질을 함양하도록 최선의 노력을 할 것이라 믿는다. 하지만 문제는 아무리 노력을 한다 하더라도 학부모들이 기대하는 완벽한 수준의 변별 능력과 공평무사함을 확보한다는 것은 불가능하다는 것이다. 그것들은 어떤 경우에도 가능하지가 않다(전에 한 신문 칼럼에서 "김수환 추기경님이 살아돌아와 입학사정관을 하면 모를까 그렇지 않다면 믿을 수 없다"라고 한 어떤 학부모의 말을 소개한 적이 있었다. 그만큼 입학사정관은 100% 신뢰가 중요하다는 것을 말하려는 것이었다. 하지만 종교가 다른 학부모들도 과연 김 추기경을 100% 신뢰하게 될까? 라는 회의가 들면서 결국 우리나라에서 입학사정관제가 과연 가능한 것인가 하는 의구심을 떨칠 수가 없었다.).

혹시 입학사정관들이 전문적 식견을 발휘하여 얼마든지 우수한 학생들을 선발할 수 있다고 주장한다 하더라도 그 말을 신뢰할 학부모들은 별로 없을 것이다. "척 보면 알 수 있다."라는 말을 아무 의심 없이, 그리고 일말의 불안감 없이 받아들이는 부모가 과연 얼마나 있겠는가? 학부모들은 대학에서 입학사정관제를 한다고 하니 선택의 여지없이 자식이 장래를 내맡기는 것일 뿐이다. 한번 학부모들의 속마음이 어떤지를 알려고 애써 보라. 긍정적인 생각을 갖고 있는 학부모들은 별로 없을 것이라 생각한다.

그리고 분명히 짚고 넘어가야 할 문제가 있다. 입학사정관제를 실시하면 사교육이 획기적으로 줄어들어 학교 교육이 정상화될 수 있을 것이라는 믿음이 있는 것 같다. 이는 우리나라 사람으로서 우리의 교육 문화의 생리를 몰라도 한참 모르고 있는 것이다. 앞서 살펴본 것처럼 입학사정관제에서는 학생의 잠재력, 창의성, 발전 가능성 등등을 중시한다고 한다. 그리고 입학사정관들은 이러한 조건들이 자연스럽게 형성되는 것이라 믿고 있는 것 같다. 그러나 이것들은 상당 부분 인위적인 노력을 통해 만들어진 것이라는 사실을 알아야 한다. 특히 그 노력 중에는 사교육의 힘을 빌리는 경우도 많고, 심지어 편법이나 불법들이 개재되는 경우도 있다는 것을 알아야만 한다. 이 부분은 이미 주위에서 종종 목격하거나 또는 뉴스나 신문기사를 통해 가끔씩 확인할 수가 있다. 혹시 입학사정 과정에서 이런 문제들은 충분히 가려낼 수 있다고 말할지 모르겠지만, 이 말을 신뢰할 학생과 학부모가 얼마나 되겠는가?(얼마 전 어떤 학생이 날조된 스펙으로 모 대학 한의예과에 합격했다는 뉴스는 아직도 기억에 생생하다. 해외 문화체험이 알고 보니 중학교 시절 가족여행 갔던 것으로 바꿔치기 한 것이었고, 100시간 훨씬 넘게 병원에서 봉사활동을 했다고 하여 받은 교내 봉사상도 허위였으며, 전국 백일장에서 금상을 받았던 시는 현직교사가 써 준 것이었을 뿐만 아니라, 정말 할 말을 잃게 만든 것은 행인이 잃어버린 지갑을 찾아주어 선행상을 받았던 것도 알고 보니 지갑 주인이 바로 그 학생의 할머니였다는 것이다.)

여기서 입학사정관 제도를 실시하기 위한 조건이 무엇인가를 알아야 한다. 흔히 이 제도가 선진국들에서 일찍이 실시되어 성공적으로 뿌리를 내렸기 때문에 우리도 그렇게 해야 하고 성공할 수 있다는 주장을 하는 경우가 있다. 그러나 우선 외국에서 통했다고 해서 우리나라에서도 효과가 있을 것이라 볼 수는 없다는 점을 생각해야 한다. 우리와는 다른 역사와 문화를 가진 나라에서 고안해 낸 제도는 우리나라에서는 성과를 거두기 어렵다는 사실을 알아야만 한다. 요컨대 외국과 우리나라가 분명히 차이가 있는 것은 학력(학벌)에 대한 집착의 정도인데, 다른 나라들이 학력에 무관심하다는 얘기가 아니라 분명히 우리보다는 그 집착의 정도가 훨씬 약하다는 것이다. 그래서 그 나라들은 좋은 대학에 들어가는 문제가 우리처럼 전 국민적 관심사는 아닌 것이다. 그러다 보니 입시의 공정성을 최우선적 덕목으로 인식하지 않게 되고, 그 대신 다양하고 융통성 있는 선발 제도를 운영할 수 있었던 것이다. 그리고 이 과정에서 학생들은 굳이 인위적 노력이나 편법을 쓸 필요가 없는 것이기 때문에 국민들은 입학사정관 제도를 용인할 수 있었던 것이다. 입학사정관제가 도입되고 뿌리를 내릴 수 있었던 이유도 바로 그러한 배경에서 가능한 것이었다고 할 수 있다.

따라서 우리나라에서 입학사정관제를 실시하기 위해서는 그 나라들처럼 학력에 과도하게 집착하지 않는 사회가 되어야 한다. 일단 우리나라 사회가 그렇게 달라진 다음에 그때 가서 이 제도를 실시하는 것이 맞다고 본다. 그때까지는 입학사정관제는 유보되어야 한다.

5. 과거 시험, 그리고 비행기 이착륙 금지

수능 시험날 한국에서는 비행기 이착륙이 금지된다. 듣기평가가 있는 해당 시간대에 비행기 이륙은 물론 상공에 있는 비행기조차 착륙이 허용되지 않는다. 대학 입시라고 하는 것이 우리나라에만 있는 것도 아닌데, 세계 다른 나라들과는 달리 유독 한국에서만 볼 수 있는 현상이다. 사실 비행기 이착륙 금지만 있는 것이 아니다. 버스와 열차 등 모든 차량들은 시험장 주변에서 서행 운행은 물론 경적 사용이 금지되며, 시험장 일정 반경안에서 군부대의 지상공격 및 기동훈련도 금지된다. 그렇다면 이와 같은 유별난 현상을 어떻게 받아들여야 할 것인가?

이것을 이해하기 위해서는 비행기 이착륙 금지의 의도가 어떤 것인지를 좀 더 깊이 들여다 볼 필요가 있다. 정부의 그러한 조치는 기본적으로 수험생들이 듣기평가 동안에 방해를 받지 않고 시험을 보게 하려는 배려라고 할 수 있다. 비행기 이착륙을 통제하지 않는다면 어떤 일이 벌어질 수 있는가? 만일 수능 고사장이 공항 또는 비행장 주변에 있는 경우 듣기평가 시간에 비행기 소음으로 인해 그 학생들이 제대로 듣지 못해 그 문제를 풀지 못하는 상황이 발생할 수 있다는 것이다. 비행기 소음과는 관계없는 고사장의 학생들과 비교할 때 억울하게 피해를 입게 되는 것이다. 나중에 대학 입시에서 듣기평가 몇 점이 합격에 결정적인 영향을 미칠 수도 있는 것이고, 그렇게 그 몇 점이 학생의 인생을 좌우하게 될 수도 있는 것이다. 그래서 어떤 한 학생도 억울한 일이 생기지 않도록 국가적으로 배려하려는 의도가 자리하고 있음을 찾아볼 수 있다. 그런데 이는 바로 시험의 공정성이라는 기본 원칙과 닿아 있다고 할 수 있다. 우리나라는, 최소한 수능 듣기평가 시간을 위한 일련의 노력들을 볼 때, 시험의 공정성 준수에 최선을 다하고 있다고 평가할 수 있다.

그렇다면 이처럼 시험의 공정성에 대한 국가적 관심은 어디에서 기인하는 것인가? 앞서 언급한 것처럼 대학 입시, 특히 전국의 학생들이 한꺼번에 시험을 보는 경우는 다른 나라에도 있다. 그럼에도 불구하고 한국에만 특별한 측면이 있다. 이는 한국의 역사 및 문화와 연관이 있다고 할 수 있을 것이고, 그래서 한국만의 특징이 무엇인가를 생각해 본다면 무엇보다도 과거제도에 주목하지 않을 수가 없다. 물론 중국과 베트남에서도 과거제도를 실시한 역사를 가지고 있지만, 과거 합격이 갖는 사회적 의미, 그리고 과거 합격에 집착하는 이유와 그 정도는 우리와 엄연한 차이가 있다. 한 마디로 한국만큼 과거 합격에 대한 집착이 큰 나라가 없다는 것이다. 이러한 강한 집착은 당연히 과거 시험의 제1원칙이 바로 누구에게든지 공평할 수 있도록 시험의 공정한 운영이어야 한다는 데 생각이 일치될 수밖에 없었고, 이것은 하나의 국민적 정서로 자리 잡게 되었던 것이라 할 수 있다. 그리고 이러한 국민적 정서를 국가가 인지하고 수용함으로써 과거 시험의 공정한 운영을 국가적 책무로 인식하게 되었던 것으로 보인다. 조선왕조실록에서도 유독 과거 시험의 공정성에 대한 언급이 많았던 것은 바로 이런 이유 때문이었다고 볼 수 있다. 앞서 이야기한 국민 정서는 계속적으로 관성을 지닌 채 오늘날까지 이어지고 있다고 보여지며, 지금의 국가 역시 이러한 국민적 정서를 파악하고 일정 범위 내에서 시험을 공정하게 운영하려는 노력을 보여주고 있다고 할 수 있다. 수능 시험날 비행기 이착륙 금지 조치는 바로 그런 노력의 극적인 사례라고 할 수 있을 것이다.

6. 획일적 입시 제도는 철폐되어야 한다(?)

오늘날 우리교육이 안고 있는 병폐는 이루 다 헤아릴 수 없을 정도로 많다. 그 중에서도 몇 가지 예를 들어 본다면 과도한 사교육비, 학교 교육의 불신, 암기 위주의 교육, 인성교육의 실종, 학벌 중시 등을 열거할 수 있을 것이다.

지금까지 이 책을 읽은 독자들이라면 이것들은 바로 조선시대 교육의 병폐와 크게 다르지 않음을 쉽게 알 수 있을 것이다. 그렇다면, 이처럼 수백 년의 시간을 뛰어넘어서 서로가 같은 모습들을 보이는 것은 무엇 때문일까?

앞에서 우리는 조선시대 교육의 문제점들은 과거제도에서 비롯되었다는 것을 확인할 수가 있었다. 그렇다면 지금 우리교육에서 조선시대 과거제도와 동일한 의미 구조를 갖는 것은 무엇일까? 그것은 바로 대학 입시 제도라고 해야 할 것이다. 옛날에 과거제도가 교육의 재앙을 초래한 근본 원인이었던 것처럼, 오늘날 교육계의 수많은 병리 현상들 뒤에는 대학 입시가 버티고 서 있다. 여기서 우리는 동일한 조건하에서의 삶이라는 것은 시대와 관계없이 그 결과는 같을 수밖에 없음을 알게 된다. 그렇다면 만일 시험 제도에 있어서 근본적인 변화가 없는 한 앞으로 몇백 년 후의 한국 교육 역시 크게 달라지지 않을 것임을 쉽게 예측할 수가 있다.

지금의 교육 문제들의 근원이 입시 제도라고 하는 것이 자명하다면, 우리가 취해야 할 행동 역시 분명한 것이다. 바로 대학 입시의 철폐이다.

그러나 이것은 형식논리에 따른 결론일 뿐이다. 실제적으로 국민들 사이에는 입시 제도가 여러 부작용들을 초래하는 것은 사실이지만, 지금과 같은 현실에서는 이것이 꼭 필요하다는 믿음이 있다. 한 마디로 필요악과 같은 존재라는 말일 게다.

그동안 대입 제도에 대한 비판이 끊이질 않았음에도 늘 부분적인 손질에만 그쳤을 뿐 이 제도 자체를 폐지하지 않았던 것은 이러한 국민적 정서와 무관하지 않은 것이다. 어떻게 보면 지금까지 대입 제도가 옷만 갈아입은 채 여전히 건재하고 있는 것은, 곧 이 제도가 국민들에 의해 떠받쳐져 왔음을 보여 주는 것이라 할 수 있다.

그렇다면 그 이유는 무엇일까? 이것은 대단히 중요한 문제이므로 분명히 짚고 넘어갈 필요가 있다.

오늘날 대학 졸업장은, 단순히 그 사람이 얼마만큼 공부를 했는가를 가늠할 수 있는 기준을 넘어 취업이나 결혼에 커다란 변수가 될 뿐만 아니라 그의 사회적 위신을 판단하는 잣대가 되고 있다. 한 마디로 대학 졸업 여부는 한 개인의 사회적인 삶의 수준을 결정하는 가장 중요한 요인이라고 할 수 있다.

이렇게 대학 졸업이 한 개인의 운명을 좌우하고 있는 것이 엄연한 현실이기 때문에 대학 입시는 반드시 있어야 하며, 동시에 공정하게 관리를 해야 한다는 국민적 합의가 깔리게 되는 것이다. 그리고 이로 인해 공정한 대학 입시 관리는 국가적 책무로 여겨지게 된다. 외국에서는 돈 많은 집안에서 대학에 기부금을 내면 자식들의 대학 입학이 허용되고 있는 반면, 우리나라는 그동안 계속된 기부금 입학 문제에 대해 여전히 '불가' 쪽에서 요지부동인 이유도 바로 여기에 있는 것이다.

대학 입시만큼은 공정하게 관리해야 한다는 우리 국민들의 생각은 해방 이후 오랫동안 입시 방법에 반영되어 왔었던 셈이다. 국가에서 전국의 모든 수험생들에게 동일한 시험을 실시하는 소위 '한줄 세우기'식의 시험 방식이 바로 그것이다. 입시가 다양화된 지금도 이러한 '한줄 세우기'에 대해 드러내 놓고 찬성하는 것은 아니지만, 많은 국민들은 암암리에 가장 합리적인 방식으로 생각하고 있는 것으로 보여진다.

7. 재고되어야 할 특별 전형

언제부턴가 우리 입시 제도에 있어서의 변화는 국민들의 정서와는 반대 방향으로 가고 있는 듯하다. 내신제 강화, 수행평가제, 특별 전형, 입학사정관제 등이 바로 그런 예들이다. 물론 이와 같은 새로운 방식들은 나름대로의 장점들을 갖고 있는 것이 사실이지만, 그럼에도 불구하고 이것들은 우리 국민들이 입시 제도의 생명이라고 믿는 공정성과 객관성을 크게 결여하고 있다는 점에서 문제를 제기할 수 있다. 실제로 이런 제도들이 실시된 이후, 국민들의 불신과 불안과 불만이 커지고 있다는 점에 유의할 필요가 있다고 본다. 그 중에서도 수시 전형의 한 방편인 특별 전형은 학부모들의 정서에 크게 반하고 있는 것으로 생각된다.

그런데 그전에 독자들에게 분명히 해 둘 것이 있다. 앞으로 특별 전형과 관련하여 다루려는 것은 제도 그 자체이지 그 제도를 통해 입학한 사람들이 아니라는 것이다. 만일 특별 전형 과정에서 어떤 편법이나 부정한 방법을 사용한 것이 아니라면, 이것을 통해서 입학한 사람들은 전혀 문제될 것이 없다고 본다.

필자 역시도 내 아이가 자격 요건만 된다면 특별 전형에 지원하게 했을 것이다. 이것은 필자만의 생각이 아니라 우리나라 학부모들의 공통적인 심정일 것이라 생각한다.

그런데 특별 전형 중에서는 선·효행자 특별 전형를 비롯하여 소년·소녀가장, 기초생활수급자 등과 같은 사회적 배려 대상자 특별 전형, 그리고 특정 분야에 재능이 있는 학생을 뽑기 위한 특기자 특별 전형 등 다양한 전형들이 있다. 우리는 여기서 이 제도의 문제점을 두 가지 측면에서 지적할 수 있다.

우선, 선·효행자를 예로 든다면 누가 '선행자'고 '효행자'인가 하는 문제이다. 무엇보다도 우리나라 사람들이 중요하게 여기는 대학 입학의 기준이라는 것은 누가 보더라도 이의를 제기할 수 없을 정도로 명확해야만 한다. 그런데 과연 선행자나 효행자를 판단하는 기준이 그렇게 명확할 수 있을런지는 의문이다. 특히 문제가 되는 것은 효자·효녀라는 것은 집안 내에서의 행실을 근거로 해서 판단해야 하는 일인데, 어떻게 이들을 밀착하여 관찰할 수 있느냐 하는 것이다. 또한 대학에 들어가기 위해 평범한 학생이 선행자나 효행자로 둔갑할 가능성도 얼마든지 있다는 것도 문제다.

다음으로, 선행자나 효행자라 해서 대학에서 우선 선발해야 하는 이유가 무엇인가 하는 것이다. 도대체 이들이 학업을 잘 하는 것과 무슨 관계가 있는가? 내 대학 신입생을 내 맘대로 뽑겠다는데 무슨 시비냐는 식으로 나온다면 더 이상 할 말은 없다. 그러나 대학은 어디까지나 공부를 하는 곳이고, 학력(學歷)이라는 것이 사회생활을 하는 데 무엇보다 중요한 우리의 현실을 감안할 때 그런 식으로 생각해서는 안 될 것이다. 항상 '공정하게', '객관적으로'라는 말은 우리 입시에서 금과옥조처럼 지켜야 할 지침이다. 그렇지 못할 경우, 여기에서 제외된 수많은 학생과 학부모들이 겪게 될 상대적 박탈감과 좌절감은 너무나 클 것이라는 점을 항상 염두에 두어야만 한다. 우리는 여기서 그렇게 도덕을 중시했던 조선시대에서조차 '효자'라 하여 특별 케이스로 과거 합격을 시켜 준 경우는 없었다는 사실이 무엇을 말해 주는 것인가를 되새겨 볼 필요가 있다.

또한 선행자 우대 차원에서인지는 몰라도 헌혈을 많이 한 학생들을 특별 전형으로 선발하려는 대학들이 있어 시선을 끌고 있다. 그동안 필자는 주위에서 헌혈을 하는 사람들을 많이 봐왔다(부끄러운 얘기지만, 필자는 지금까지 한 번도 헌혈을 한 적이 없다. 사실 헌혈을 하고 싶어도 할 수가 없었다. 너무 말라 보여서인지 몰라도 가끔씩 헌혈버스 근처를 지나다녀도 직원들이 한 번도 거들떠보지 않았었다.). 그런데 필자는 이들의 헌혈 순수성에 대해서 한 번도 의심한 적이 없었다. 그도 그럴 것이 헌혈을 한다고 해서 특별한 혜택이 주어지는 것이 아니기 때문이다. 그들이 받는 것은 헌혈증서 정도였을 뿐이다. 아마도 그들이 받는 가장 큰 보상은 어려운 처지에 놓인 사람들을 위해 좋은 일을 했다는 뿌듯한 마음이었을 것이다.

그런데 만일 학생들이 대학 입학을 목적으로 헌혈을 하게 된다면 그것은 무슨 의미가 있겠는가? 대가를 바라고 하는 선행은 선행이 아니다. 따라서 헌혈자 특별 전형이나 헌혈 경력 때문에 입시에서 혜택을 주는 것은 재고할 필요가 있다고 본다.

이처럼 대학 입시에서 헌혈자를 우대하는 것은 아마도 미국의 제도를 받아들인 것이 아닌가 한다. 하지만 우리나라와 미국은 엄연히 다르다. 즉 미국은 대학 입학에 전 국민이 목을 매는 그런 나라가 아니다. 따라서 학생이 헌혈을 했을 경우, 그 동기에 대해서는 의심할 여지가 거의 없다고 할 수 있다. 그렇기 때문에 미국과 같은 나라에서는 헌혈 학생을 대학에서 선발하는 것은 나름대로 의미가 있는 일이라고 할 수 있다.

만약, 그럴 가능성은 별로 없겠지만, 앞으로 우리나라에서 헌혈자 특별 전형이 일류대를 포함하여 전체 대학으로 확대된다면, 학부모들은 자식들에게 앞다투어 사골을 고아 먹인다든지 조혈 기능이 있는 약들을 구해다 먹이려 할 것이 뻔하다. 그리고 이로 인해 우리나라 식품 및 의약업계는 엄청난 특수를 누리게 될 것이다.

또한 이와 비슷한 맥락에서, 지금 중·고등학교 학생들에게 부과하고 있는 봉사활동에 대해서도 재고해 볼 필요가 있다. 학생들은 봉사활동이 내신에 반영되기 때문에 마지못해 하는 경우가 대부분이다. 특히 봉사활동 시간을 채우기 위해 관공서나 여러 기관들을 기웃거리고 다니는 학생들의 모습은 애처롭기까지 하다. 운이 좋아 봉사활동이 허락되는 경우에 하는 일은 고작해야 서류 정리나 청소 같은 잡일들이 대부분이다. 그 과정에서 학생들은 해당 기관 직원들의 고압적인 태도로 인해 마음의 상처를 입게 되는 경우도 종종 있다. 학생들은 이런 경험을 통해 봉사에 대한 거부감이나 부정적인 생각을 갖게 될 가능성이 크다. 결과적으로 지금과 같이 점수 때문에 떠밀려서 하게 되는 봉사활동 제도는 차라리 없애는 것이 낫다.

이 제도 역시 다른 나라 것을 참고한 것이라 할 수 있다. 앞으로는 어줍잖게 선진국의 교육제도라 해서 무비판적으로 받아들이려는 태도는 없어져야 할 것이다. 무엇보다도 가뜩이나 학교 공부다 학원이다 과외다 해서 힘들어하는 우리 아이들을 위해서라도 이 봉사활동 제도는 없앴으면 한다.

다음으로 짚고 넘어갈 것은 특기자 특별 전형이다. 그런데 이 특기자 특별 전형은 워낙 다양하기 때문에 모두 다룰 수는 없고, 여기서는 가장 논란이 되었던 연예인 특별 전형에 대해서만 언급하려고 한다. 익히 알려진 바와 같이, 연예인 특별 전형이 사람들의 이목을 끌게 된 것은 전에 인기그룹의 여가수가 모 일류 사립대에 특기자 특별 전형으로 입학했기 때문이었다. 당시에 그 일은 커다란 파장을 불러일으켰었는데, 특히 많은 여고생들이 울었다.

그 당시 몇몇 TV 방송 프로에서는 연예인 대상의 특별 전형 문제를 다루기도 하였다. 그런데 한 프로에서는 각 대학에서 앞다퉈 유명 연예인들을 특별 전형으로 선발하려는 이유는, 바로 고등학교 학생들을 대상으로 하는 학교 홍보에 효과 만점이기 때문이라는 사실을 지적하였다. 무엇보다 충격적인 것은 일부 대학들의 경우 유명 연예인 유치에 열을 올리는 진짜 이유가 자기 대학의 입시 경쟁률을 높힘으로써 막대한 입시 전형료 수입을 올리기 위한 것임이 한 대학 관계자의 입을 통해 확인하게 되었다는 것이다.

그런데 여기서 우리가 따져 봐야 할 것은 그러한 전형 방식이 과연 타당한 것이냐 하는 점이다. 우선 이 제도의 문제점은 면접 점수가 당락을 좌우하도록 되어 있어서 대학에서 마음만 먹으면 얼마든지 원하는 연예인을 뽑을 수 있다는 점이다. 이것은 특별 전형이라고 하는 선발 방식의 객관성에 의문을 제기하지 않을 수 없는 부분이다. 객관적이지 못하다는 것은 당연히 공정성에도 문제가 있을 수밖에 없음을 의미한다. 한 마디로 우려할 만한 일이 아닐 수 없다.

특히 그 TV 프로 내용 중에서 주목할 만한 것은 이러한 연예인 특별 전형에 대한 일반 학생들의 반응이었다. 그들은 한결같이 공평하지 못하다며 입을 모았다. 자기들은 열심히 노력을 해도 들어가기가 힘든데, 누구는 단지 유명 연예인이라는 이유 때문에 쉽게 대학에 들어간다는 것은 불합리하다는 것이었다. 그들의 항변은 불만의 차원을 넘어 차라리 분노였다.

그 프로를 보면서 무엇보다 답답했던 것은 담당 PD가 교육부 관련 공무원을 찾아가 인터뷰를 한 내용이었다. 교육부 관계자는 한 마디로 무엇이 문제냐는 식이었다. 특별 전형이라는 입시 방법은 원래 종전의 획일적인 입시에서 탈피하여 보다 다양한 방법을 강구하라는 교육부의 주문 때문에 실시되기 시작한 것이었다. 교육부가 특별 전형이 공정하고 객관적으로 실시되도록 적극적으로 간여를 해야 함에도 불구하고, 그렇지 않고 있다는 것은 유감스런 일이다. 그 TV 프로 진행자의 다음과 같은 마지막 멘트는 너무나 의미 있게 다가왔다. "앞으로 일선 대학에서의 무분별한 특별 전형으로 야기되는 모든 문제들은 결국 교육부에서 책임을 져야 할 것입니다."

그 후, 우리는 특별 전형과 관련해서 일어났던 여러 가지의 비리 내지는 부작용을 매스컴을 통해 접해 왔다. 그 중 일부는 교육부의 감사활동을 통해 드러난 것이었다는 점은 괄목할 만한 일이다. 그러나 문제는 특별 전형이라는 방법이 원천적으로 비리나 부정을 가능하게 한다는 것이다. 따라서 이러한 특별 전형을 폐지하는 것만이 최선의 대책이라 아니 할 수 없다(사실 특별 전형을 실시할 경우에 폐단이 생기게 될 것이라는 것은, 앞에서 언급한 바와 같이 이미 약 500년 전인 조선 중종 때 정광필이 경고한 셈이라고 할 수 있다.).

이와 같은 특별 전형과 관련하여 무엇보다도 요구되는 것은 입시 정책을 주도하고 있는 교육부의 자성이다. 최근 몇 년간 입시 정책을 대하면서 느끼는 것은 국민 정서를 무시하는 듯한 교육부의 자세다. 이처럼 독주하는 교육부의 밑바닥에 깔려 있는 생각은, 국민은 무지하기 때문에 계몽시키고 올바른 방향으로 인도해야 한다는 것인 것 같다. 또 하나의 관존민비적인 발상인 셈이다.

그러나 국민들의 정서-입시는 무엇보다 공정해야 하며, 공정성은 역시 획일적인 시험 제도의 실시를 통해 확보될 수 있다는 믿음-는 그리 가볍게 볼 것이 아니다. 그 속에는 오랜 시간 동안 경험을 통해 검증해 온 그들 나름대로의 합리성이 숨쉬고 있음에 주목해야 한다.

(앞서 예를 든 인기그룹 여가수의 경우, 어떻게 보면 우리 학력 사회의 희생자일 수도 있다. 가수는 노래에만, 운동선수는 운동에만 전념해야 함에도 불구하고, 우리 사회는 속 편하게 자기 분야에만 신경을 쓸 수가 없다. 우리는 그 누구도 학력으로부터 자유로울 수 없는 것이다.)

8. 참담한 대학입시 : 깜깜이 학생부 종합 전형

최근에는 학생부 종합전형(이하 '학종')이 대세다. 학종이란 내신과 함께 교과외 활동을 고려하여 선발하는 방식으로서, 후자는 학생들이 지원전공과 관련하여 얼마나 많은 관심과 노력, 그리고 열정과 잠재력이 있는지를 평가한다. 그런데 여기서 주목해야 할 것은 내신이 조금 낮더라도 자신이 지원하고자 하는 전공에 적극적으로 노력한 '흔적'이 있다고 인정되면 선발이 될 수 있다는 것이다. 그러한 흔적 중에는 소위 스펙이 중요하기 때문에 학생들은 너도나도 이것을 쌓는 데 올인할 수밖에 없게 된다. 특히 학생들은 어떤 스펙이 중요한지 알 수가 없기 때문에 내신, 봉사, 동아리, 독서활동, 경시대회, 소논문 등등 가능한 한 모든 활동에 눈물겹게 매달리게 되는 것이다.

그런데 답답한 것은 국내의 한 유명 언론사가 서울대 학종 지원자들의 스펙을 분석한 결과 합격자와 불합격자 사이에 분명한 상관관계가 없었다는 것이다. 결국 합격한 학생과 불합격한 학생들 모두 자기가 왜 붙고 떨어졌는지를 알 수 없었다는 것이다. 그렇다 보니 학부모들 사이에서는 도대체 무엇이 합격기준인지를 몰라 하나같이 불안한 생각이 지배하게 되어, 무조건 아이들에게 열심히 하라는 독려보다는 현실적인 자구책을 모색하려는 움직임이 팽배하게 되었다. 그리고 이는 결국 사교육에 대한 의존으로 나타나게 되었는데, 그 컨설팅 비용이 만만치 않다는 것이다(인터넷에서 학종으로 검색하면 수많은 학원들 광고가 나오는데, 나름대로 체계적인 합격방법을 제시하고 있어 학부모나 학생들이 끌리지 않을 수 없게 된다. 그런데 서울 강남지역에서는 학종 관리 비용이 1년에 1,000만~2,000만 원인 컨설팅 업체가 성행하고 있으며, 3년간 컨설팅 비용이 1억 원을 훨씬 상회하는 업체들도 있다고 한다.).

학종과 관련하여 흥미로운 것은 얼마 전 주요 대학의 입시 관계자들에게 심층 설문조사를 한 결과이다. 먼저 내신은 1등급이건 2등급이건 고려 요소가 아니며, 동아리 활동이나 수상실적이 지원 분야와 일치하지 않아도 된다고 하였다. 그 대신 학생들이 얼마나 진정성을 갖고 열심히 활동하였는가가 관건이라고 했는데, 이는 교사의 학생부 '세부능력 및 특기사항' 기재내용과 학생의 자기소개서를 통해 파악할 수 있다고 하였다. 정리하면 각 대학들은 대체로 교사가 기재한 학생부 내용과 학생의 자기소개서를 중심으로 학생들의 전공적합 여부를 판단하여 입학사정관이 알아서 선발하겠다는 것이었다.

그런데 그동안 누누이 지적되어 온 것처럼, 각 고등학교에서는 학생들의 장래를 고려하여 최대한 유리하게 작성하려 하고 있고, 학생들은 입학사정관들로 하여금 감동을 불러일으키도록 최선을 다해 (종종 전문가에게 의뢰하여) 자기소개서를 포장하려고 노력하고 있는 현실을 고려할 때, 과연 얼마나 객관적이고 공정한 선발이 가능할 것이지 의문스럽지 않을 수가 없다(어떤 학생의 영어 내신은 4등급이지만 원어민과 유머를 주고받을 수 있는 정도로 실력을 갖췄다고 교사가 학생부에 썼다면 중요한 정보로 활용한다는 모 대학 입시관계자의 납득하기 어려운 설명에 필자는 할 말을 잃었다.).

필자는 각 대학의 입시 관계자들에게 정말로 궁금해서 묻고 싶은 것이 있다. "지금과 같은 학종 전형에 당신의 자녀들을 아무 거리낌 없이 내맡길 수 있겠습니까?"

9. 입시 지옥으로 몰고 가는 대학 입시 다양화

우리가 지난날 과거공부에서 지금의 입시 공부까지를 살펴봄으로써 얻을 수 있는 교훈은 수험생과 학부모들은 항상 시험 제도에 대비하기 위해 최선의 방법을 모색해 왔다는 점이다. 다시 말해서, 그들은 시험 제도가 달라질 때마다 발 빠르게 대처해 왔다는 것이다. 이처럼 시험 제도가 다양해지게 되면 그들의 노력도 그만큼 다양해질 수밖에 없게 되는 것이고, 이것은 곧 그만큼 고달퍼지게 된다는 것을 의미한다.

우리의 천 년 가까운 시험 역사에서 그 방법이 가장 다양한 시기는 바로 최근이라고 할 수 있다. 특히 현대에 들어와서도 해방 이후 2000년 이전까지 대학 입시라고 하면 수능 시험과 본고사 정도를 의미하였다. 그러다가 본고사가 없어지는 대신에 내신과 논술이 등장하게 되었고, 그 후 특별 전형이라 해서 추천제, 경시대회 입상자 및 각종 특기자 전형, 그리고 심층면접 등이 추가되더니, 얼마 전부터는 대학들마다 입학사정관 중심의 전형을 실시해 오고 있다.

그런데 문제는 각 대학마다 입시 방법에서 조금씩 차이가 있다는 점이다. 학생들의 입장에서는 처음부터 어느 한 대학을 겨

냥해 준비할 수도 없는 노릇이기 때문에 만약을 위해 가능한 한 모든 전형 방법에 대비할 수밖에 없다. 그렇다 보니 지금의 학생들은 내신에도 신경을 써야 하고, 수능 시험에도 대비해야 하며, 경시대회 준비와 특기 계발 또는 영어와 같은 특정 과목 준비도 해야 할 뿐만 아니라 논술이나 심층면접에도 대비해야 하기 때문에, 그야말로 '슈퍼학생'이 되어야 할 판이다. 결국 대학 입시 자율화는 학생들을 잡는 결과를 가져오고 있는 것이다. 입시를 개선하는 데 있어서 가장 신경써야 할 것 중의 하나는 학생들의 부담을 줄여 주는 것이다. 그러나 우리는 오히려 이것을 점점 더 망각하고 있다.

또한 최근 입시 제도를 손질하는 데 있어서 문제가 되는 것은 일선 학교들의 입장을 고려해 주지 못하고 있다는 점이다. 요즘 고등학교들은 대학 입시가 너무나 복잡해져서 상당한 고통을 겪고 있다. 각종 업무로 가뜩이나 힘든 교사들은 모든 입시 경향에 맞춰 학생 하나하나마다 제대로 된 진학지도를 해 주지 못하고 있는 실정이다. 이 때문에 학생들 입장에서는 자구책을 찾지 않을 수가 없게 되고, 이것은 결국 사교육에 의존하는 결과를 가져올 수밖에 없게 되는 것이다. 그동안 입시 제도 개선 목적은 한결같이 사교육비의 감소였고, 이 점에 있어서는 최근의 입시 역시 마찬가지였다. 그러나 복잡한 입시는 오히려 사교육비를 증가시키는 결과를 가져오고 있다.

뿐만 아니라 일부 학교에서는 교사들이 워낙 바쁘다 보니 그 많은 학생들의 추천서를 써 줄 수가 없어 학생들에게 알아서 써오게 한다는 말도 들린다.

왜 입시는 다양해야만 하는 것인가? 다양함은 곧 입시 제도의 발전을 의미하는 것인가? 아니면 입시도 하나의 유행인가? 이제는 한 번쯤 차분하게 생각해 볼 필요가 있다.

그렇다면 다양해진 입시 방법들은 과연 얼마나 개선된 것일까? 심층면접의 예를 들어 보자(심층면접은 최근의 대입 전형에서는 주류라고 할 수 없으나, 한때는 입시의 기본 축이었고 앞으로도 강화될 가능성이 없지 않기 때문에 언급하고자 한다.). 이러한 전형 방법이 과연 얼마나 효과가 있다고 생각하는지는 모르겠으나, 이 방법은 다음과 같은 문제점을 안고 있다. 심층면접은 보통 시간이 오래 걸리기 때문에 당연히 여러 면접관들이 분담하여 담당할 수밖에 없다. 그런데 그들이 기계가 아닌 이상 면접하는 과정에서 일관되게 기준을 유지하기는 쉽지 않다. 뿐만 아니라 한 사람 혹은 한 팀의 면접관이 전체 학생들을 면접한다면 모르지만(사실 이것도 시간이 지나면서 그 기준이 흔들릴 가능성이 크다.), 지금처럼 시간 관계상 학생들을 몇 개 집단으로 나누어 면접관들을 배정해 평가하는 식의 방법은 면접관들마다 그 기준이 다르기 때문에 학생들 입장에서는 요행을 기대하지 않을 수가 없게 된다. 상황이 이럴진대 불합격자들 중에서 마음 속으로 결과를 승복하는 학생들이 얼마나 있겠으며, 누가 이런 식의 입시를 공정하다고 말하겠는가?

심층면접의 문제는 이것만이 아니다. 이 심층면접이라는 방식이 학생의 인성이나 실력을 제대로 평가할 수 있다고 말들 하지만, 과연 그런가를 생각해 볼 일이다. 이 방법은 면접관과 학생이 직접 대면하여 치루는 시험이다. 이런 상황에서 학생들은 상당히 긴장을 하지 않을 수가 없게 된다. 여기서는 아무래도 학생의 성격이 큰 변수가 된다. 즉 비슷한 인성과 실력을 갖고 있는 경우라도 침착하고 적극적인 성격을 가진 학생들이 그렇지 못한 학생들보다 유리할 수밖에 없다. 또한 사전에 연습을 했는냐 하는 것도 중요한 영향을 미친다. 전에 많은 학생들이 학원이나 과외를 통해 심층면접에 대비했던 것은 이 때문이었다.

자기소개서라는 것은 또 어떤가? 한때 자기소개서가 입시 기본 서류의 하나였던 적이 있었다. 그리고 얼마 전의 최근 입학사정관제와 최근의 학생부 종합 전형에서도 이 자기소개서를 요구하고 있는데, 경우에 따라서는 실질적으로 합격 여부를 좌우할 만큼의 큰 비중을 차지하기도 한다. 그렇다 보니, 학생들은 자기소개서를 작성하는 데 큰 부담을 느끼지 않을 수가 없는 상황이다. 들리는 말로는 일부 학원들에서는 수험생들이 써 온 자기소개서를 고쳐 주거나 상담을 해 준다는 명목으로 사실상 대필해 주고 고액의 상담료를 챙긴다고 한다. 대학 합격이 걸려있는 중요한 문제라는 점을 감안하면, 이것은 어찌보면 당연한 현상인지도 모르겠다. 그리고 이것은 앞에서 살펴본 것처럼, 오늘만의 문제도 아니다.

자기소개서와 관련해 한 가지 안타까운 것은 대학들이 상황 파악을 못 하고 있는 것 같다는 것이다. 전에 모 대학 입학처장이라는 사람의 말은 이것을 단적으로 보여 준다. "준비된 모범 답안 혹은 사설학원에서 도움을 받은 천편일률적인 자기소개서는 의미가 없다. 학생의 체험을 중심으로 미래에 대한 구체적인 계획과 자신의 성장 가능성을 진솔하게 표현해야 한다." 대학에서 어떤 조건을 요구하든, 수험생들은 여기에 발빠르게 대처하게 된다는 사실을 망각한 듯한 발언이다. 그 입학처장의 발표 후에 그 대학에 지원하는 학생들의 자기소개서는 한결같이 '진솔하게' 쓴 것처럼 보이도록, 그것도 남이 대신 작성한 것일 수도 있을 텐데 어떻게 구별할 수 있을런지……(늘 입시 관계자들은 자기소개서의 진정성이나 표절 및 대필 여부를 얼마든지 구별해 낼 수 있다고 공언하고 있지만, 과연 그것이 가능한지 의문이다.)

새롭고 다양한 입시 제도만이 최선은 아니다. 어떤 입시 방법이라도 그것이 우리의 교육을 개선하는 데는 도움이 되지 않은 채 학생과 학부모들만 고달프게 만드는 것이라면 시행해서는 안 된다. 이모저모 따져 봐도 차라리 수능 시험 한 가지만 가지고 학생을 뽑는 편이 낫지 않을까 싶다. 앞으로 입시 제도를 바꿀 때는 제발 우리 아이들을 생각해 주자.

10. 사교육의 정체와 그 해법

사교육은 없앨 수 없다. 여기서 말하려는 것은, 과외는 꼭 필요하기 때문에 없애서는 안 된다는 것이 아니다. 과외는 아무리 막으려고 해도 소용이 없다는 것을 말하려는 것이다.

앞에서 우리는 조선시대 때 과거공부가 학교 교육보다는 사교육을 중심으로 이뤄졌다는 것을 알 수 있었다. 거기서 필자는 당시 사교육의 성행이 본질적으로 학교 교육이 부실한 데 원인이 있었던 것이 아니라, 시험에서 남보다 앞서가야 한다는 강박관념 때문이었다는 것을 지적하였다. 이처럼 사교육은 시험 제도의 산물이라고 할 수 있다. 따라서 시험 제도가 있는 곳에서는 사교육은 불가피하게 존재할 수밖에 없는 것이다. 물론 그것은 한 개인의 일생을 좌우할 만큼 중요한 시험인 경우이다.

이런 점에서 사교육이 판을 치고 있는 오늘의 우리 현실은 전혀 이상할 것이 없다. 한때는 과외 망국론이 대두될 정도로 과외가 심각한 사회문제가 된 적도 있었다. 그렇다면 지금은 많이 달라졌느냐 하면 그런 것도 아니다. 끼니를 걱정할 정도만 아니라면 무리를 해서라도 자식들 과외를 시키려고 하는 것이 오늘의 실정이다.

당연한 얘기지만 사교육의 기승은 그만큼 가정경제에 큰 부담을 안겨 주게 된다. 아마도 학생들을 둔 가정에서 가장 무리를 하면서 지출하게 되는 것이 바로 사교육비일 것이다. 자식의 과외비를 대기 위해서 파출부로 나섰다는 어느 주부의 이야기도 이제는 그리 특별한 얘기거리도 아니다. 이렇게 무리를 할 수밖에 없는 이유는 왠지 과외를 시켜야만 남보다 더 앞서갈 것 같은 생각 때문이지만, 한편에서는 남들도 다 시키는 과외를 안 시키면 어쩐지 불안하고 내 자식만 뒤지는 게 아닌가 하는 피해의식 때문이기도 하다. 이런 현상은 입시가 경쟁을 전제로 하는 것이고, 따라서 유치원부터 시작해서 초·중·고등학교까지 필연적으로 경쟁 관계가 조성될 수밖에 없기 때문이다. 이 점은 과거 시험이 있었던 조선시대 역시 마찬가지였다.

사교육비가 공교육비를 앞서기 시작한 것은 이미 오래 전의 일이다. 경제적으로 웬만큼 여유 있는 가정이 아닐 경우, 과외비 부담은 등골이 휠 정도다. 그리고 이런 문제는 어제 오늘의 얘기가 아니다. 우리나라 사교육비 지출이 세계 1위라는 작금의 보도는 모든 것을 설명해 준다.

역대 정권에서는 과외비 지출이 국민들의 큰 부담이 되고 있다는 점에 착안하여 과외금지를 정치적으로 이용해 왔다. 가장 대표적인 것이 5공 전두환 정부 때의 과외금지 조치였다. 당시 사회적 분위기는 강압적인 통치로 인해 서슬이 시퍼렇던 시기였기 때문에 정부의 조치에 거스른다는 것은 생각하기 힘들었다. 뿐만 아니라 과외를 하다가 적발될 경우 학부모는 공직 추방과

세무사찰, 현직 교수 및 교사는 교직 추방이라는 초법적인 제재 조치가 가해졌었다.

그러면 당시에는 과연 과외가 근절되었던가? 천만의 말씀이다. 당시 과외는 표면적으로만 없어진 것처럼 보였을 뿐 여전히 비밀리에 성행하였다. 전화과외니 별장과외니 하는 것은 그때의 과외 방식들이었다. 특히 당시에는 '몰러바이트'라는 말이 유행되었는데, 이것은 비밀리에 하는 아르바이트를 지칭하는 것으로서 과외가 지속적으로 이루어졌음을 보여 주는 단적인 사례라고 할 수 있다. 한 가지 재미있는 것은 당시 과외비가 종전보다 폭등하게 되었다는 것인데, 그 이유는 위험수당이 붙었기 때문이었다.

사교육은 무작정 막으려 한다 해서 막을 수 있는 것이 아닌 것이다. 그 이유는 무엇보다도 사교육이 자식을 위하는 것이라는 부모들의 생각 때문이다. 사실 자식을 위해서라면 세계 어느 나라보다 희생적인 우리 부모들이 무엇을 못하겠는가? 특히 대학 입시가 자식의 장래를 좌우한다고 믿고 있는 우리 학부모들은 어떤 압력에도 굴하지 않고 과외를 시키려 할 것이다. 그리고 이러한 학부모들의 열성에 호응하기 위해 그곳에 사교육이 등장하게 되는 것이다.

그렇다면 과외를 없애려면 어떻게 해야 할까? 당연한 말이겠지만 그것은 과외를 할 수밖에 없는 원인을 찾아내서 조치를 취해야 한다. 학부모들이 과외를 시키려고 하는 현실적인 이유는 무엇인가? 물론 대학 입시 때문이다. 결국 대학 입시 제도 자체를 폐지해야 한다는 얘기다. 그런데 만일 대학 입시 제도 자체를 없애려고 할 경우, 그동안 여기에 익숙해 왔던 국민들의 저항에 직면하게 될 것은 불을 보듯 뻔하다. 요컨대 과외를 없애려면 입시를 없애야 한다는 것은 당연한 논리이기는 하지만, 그렇다고 해서 무턱대고 입시를 없앨 수도 없는 노릇이다. 그렇다면 왜 국민들이 입시에 집착할 수밖에 없는가를 연구해 필요한 조치를 취하는 문제도 생각해 볼 만하다(이 문제는 뒤에서 상세히 다루기로 한다.).

그런데 과외 근절책과 관련해서 한 가지 짚고 넘어갈 것이 있다. 지금까지 교육 개혁 안건 중에서 항상 빠지지 않고 등장해 온 것은 과열 과외 해소였고, 그 방안으로서 단골로 제시되어 왔던 것이 바로 '학교 교육(혹은 공교육)의 정상화'였다. 학교에서 제대로 가르쳐 주지 못하니까 학생들이 과외를 받게 된다는 논리였던 것이다. 그러나 이것은 근본적인 처방이 아니다. 오해의 소지를 없애기 위해 말하지만, 여기서는 학교 교육이 정상화되어서는 안 된다는 것을 말하려는 것은 물론 아니다. 다만 과도한 사교육을 해소하기 위한 전략으로서 학교 교육의 정상화라는 방법은 핀트를 잘못 맞춘 것이라는 점을 지적하고자 하는 것뿐이다.

앞서 언급한 조선시대의 학교 교육과 사교육의 관계를 생각해 보면, 오늘날 학교 교육의 정상화는 과열 과외를 위한 해법이 될 수 없음을 알 수 있다. 학교 교육이란 문제가 있으면 있는 대로, 없으면 없는 대로 학생들의 입장에서는 그 자체가 동일한 조건이 될 수밖에 없는 것이다. 그렇기 때문에 설사 학교 교육이 아무리 잘 이루어진다고 하더라도 입시에서 좋은 결과를 얻기 위해서는 역시 +α가 있어야 한다는 생각을 하지 않을 수가 없다. 요컨대 과외를 부추기는 원인은 학교 교육의 부실 때문이 아니다. 그것은 입시 제도, 더 나아가서는 학력(學歷)을 중시하는 사회 때문이다. 따라서 과외 문제를 해결하려면 근본적인 원인 제공처인 학력 중심의 사회 관행을 개선해야만 한다. 학교교육을 가지고 백날 손질해 봤자, 우물가에서 숭늉 구하는 식의 일밖에 되지 않는다.

2000년 헌법재판소의 과외 전면 허용이라는 직격탄을 맞은 당시 교육부는 그야말로 혼비백산 좌충우돌하는 모습이었다. 그런데 향후 만연될 과외에 대한 교육부 장관의 핵심 대책은 "공교육의 정상화"였다. 또한 교육부가 소집한 전국 시·도 교육감회의인가 하는 모임에서도 과외를 막기 위한 방법은 역시 공교육의 정상화가 왕도(王道)라는 믿음에는 추호의 흔들림이 없었다. 이것은 바로 우리나라 교육을 관장하는 사람들의 안목이 어느 정도인가를 알 수 있게 하는 것이었다.

그런데 궁금한 것은 우리 학부모들이 과연 과외 자체를 부정하고 있는가 하는 점이다. 그 여부를 알 수 있게 한 것이 바로 한 때 떠들썩했었던 고액과외 사기 사건이다. 우리는 당시 매스컴을 통해 보도되었던 학부모들의 반응에 유의해 볼 필요가 있다. 그들 중 많은 수가 자신들은 자식들에게 싼 과외를 시키고 싶어도 형편이 안 돼 가슴이 아픈데, 누구는 수백 수천 만 원을 들여서까지 과외를 시킬 수 있느냐며 울분을 터뜨렸다. 요컨대 과외가 고액인 것이 문제이지 과외 그 자체는 문제가 아니라는 생각이 깔려 있었던 것이다. 사실 당시 많은 학부모들은 부유층들이 자식들 과외를 시킨 것에 대해서가 아니라 자신들보다 너무 비싼 과외를 시켰다는 것, 쉽게 말한다면 협정가격(?)을 위반

한 그들의 행동에 분노했던 것이다. 이처럼 대다수의 학부모들은 과외 자체에 대해서 부정적인 생각을 갖고 있는 것은 아니었다고 할 수 있다(앞에서 언급한 교육부의 과외 실태 조사에서도 학부모들은 대체로 과외가 필요하다는 반응을 보인 것으로 나타났다.).

또 한 가지 더 말하고 싶은 것이 있다. 위성과외 문제에 관한 것이다. 이것은 'EBS 수능방송'을 제대로 이해하는 데도 도움이 될 수 있으므로 언급하고자 한다. 잘 기억할지 모르겠지만 당시 김영삼 정부에서 위성과외를 실시하려 했던 취지는 과중한 사교육비 지출로 인한 국민들의 부담을 덜어 주기 위해서였다. 다시 말해서, 위성과외를 실시하게 되면 그동안 과외에서 소외되었던 저소득층 자녀들이 우선적으로 혜택을 보게 될 뿐만 아니라, 종전의 과외 수요를 흡수하게 됨으로써 궁극적으로는 개인적 차원의 과외를 없앨 수 있을 것이라는 판단에서 실시되었다. 한 마디 덧붙인다면, 이 계획은 저소득층들로부터 지지를 얻으려는 정치적인 계산에 따른 것이었다는 사실이다. 그렇다면 당시 정부가 대대적인 선전을 벌이면서 실시한 위성과외는 그 이후에 개인과외를 획기적으로 줄이게 되었을까? 누구나 다 알고 있는 것처럼 그렇지 못했다.

이러한 위성과외 정책의 실패는 정부가 사교육의 본질을 제대로 알지 못했던 데 근원적인 원인이 있었다.

학부모들이 과외를 시키는 이유는, 자식들이 공부를 못하기 때문인 경우도 있겠지만 그보다는 남들보다 더 잘하라는 뜻으로 시키는 경우가 대부분이다. 학교에서 아무리 잘 가르친다 하더라도 +α로서 사교육을 시키려는 풍조는 없어지지 않는다는 사실을 앞서 지적한 바 있다. 한 마디로 모든 학생들이 공통적으로 받게 되는 학교 교육은 그 수준의 우열에 관계없이 모두에게 마찬가지 조건이 되기 때문에, 남보다 앞서 가기 위해서는 사교육을 생각하지 않을 수가 없게 되는 것이다.

이것은 위성과외에도 똑같이 적용된다. 즉 아무리 유능한 강사가 나와서 가르친다 하더라도 모든 학생이 보게 되는 위성과외는 누구에게 특별히 유리할 게 없다는 생각이 들 수밖에 없게 된다.

이런 이유에서 학생들은 위성과외는 위성과외대로 받고 +α로서 개인과외에도 관심을 갖지 않을 수가 없게 되었던 것이다. 누가 보더라도 위성과외는 처음 기대했던 성과를 거두지 못했다. 이와 같은 위성과외 정책의 실패는 교육적 안목의 부족으로 인해 처음부터 예정되어 있었던 셈이다. 그리고 초기부터 교육방송 요점 정리 학원들이 등장하고 있다는 현실을 접하면서 EBS 수능방송 또한 똑같은 전철을 밟아가는 것이 아닌가 하는 의구심을 갖지 않을 수가 없다.

11. 추천제 입학과 국민 정서

추천제 입학은 지금의 대학수시 입시 중 특별 전형에 포함되어 있지만, 원래 이것은 종전의 시험을 통한 선발방식에서 벗어나 보려는 최초의 시도로서, 어떻게 보면 특별 전형의 효시라고도 할 수가 있다.

이 추천제 입학은 처음에 서울대학교에서부터 시작되었으며, 그 후 많은 대학에서 추천을 통한 신입생 선발을 실시하고 있다. 추천자의 범위도 처음에 학교장에게만 국한되었던 것이 그 후 교사 및 각종 단체장으로까지로 확대되었다.

학교장 추천제를 실시하게 된 배경은 이전의 지필시험 위주의 획일적인 방식으로는 우수한 학생을 선발할 수 없다는 판단 때문이었다. 즉 기존의 방식으로는 학생의 지식의 수준은 어느 정도 판별이 가능하지만 인성이나 도덕성과 같은 측면은 파악하기 어렵기 때문에, 전체적으로 우수한 자질을 가진 학생을 선발한다는 대학의 신입생 선발 취지에 부합되지 않는다는 것이었다. 따라서 학생의 자질에 대한 종합적인 판단은 해당 학교에서만 가능한 것이기 때문에, 학교의 추천에 의한 신입생 선발이 가장 바람직하다는 것이었다.

물론 학교장이 추천한 학생이라 해서 모두가 선발되는 것은 아니고, 각 대학에서 또다시 자체적으로 마련한 기준에 따라 엄선한다는 원칙이 있었던 것으로 안다. 그렇지만 여기서 분명한 것은 일단 학교장 추천을 받은 학생들은 일반 학생들에 비해 상대적으로 유리할 수밖에 없다는 것이다.

학교장 추천제가 실시되자마자 이 제도에 대해서 우려하는 학부모들이 많았다. 학부모들은 학교에서 학생을 추천하는 기준이 얼마나 공정하고 객관적일 수 있겠는가에 대해 의문을 제기하였다. 한 마디로 담임이나 학교장의 사정(私情)이 개입될 소지가 얼마든지 있다는 것이었다. 이것은 앞서 언급했던 대학 입시 제도에 대한 국민들의 생각-대입시는 최대한 공정하고 객관적으로 관리되어야 한다는 국민적 정서-을 감안할 때 당연히 나올 수밖에 없었던 목소리였다고 본다.

역사는 반복된다고 했던가? 조선시대에도 이와 너무나 흡사한 일이 있었다. 그것은 바로 중종 때 조광조 일파가 주장한 천거(추천)에 의한 관리 선발을 둘러싸고 벌어졌던 사건이었다.

당시 조광조를 중심으로 한 사림파 출신 관리들은 현량과(賢良科) 실시를 주장하였는데, 이것은 왕을 비롯하여 조정의 관료들에게 크나큰 반향을 일으켰다. 현량과란 학문과 도덕성을 겸비한 인재를 천거하게 하여 정치적 안목을 테스트하는 책(策) 시험을 통해 관리로 임용하자는 제도였다. 그들이 내세웠던 명분은, 과거가 단지 문예(文藝)만을 겨루는 시험이기 때문에 응시자의 덕성을 파악할 수 없으므로 훌륭한 인재를 얻기 위해서는 그의 됨됨이를 잘 알고 있는 사람의 추천을 받아 선발해야 한다는 것이었다. 그러나 그들의 주장은 커다란 저항에 부딪히게 되었다. 그도 그럴 것이, 이 현량과는 종전의 과거제도에 익숙해 왔던 당시 대부분의 사람들의 정서에 정면으로 위배되는 것이었기 때문이다. 이로 인해 당시 조정에서는 현량과 실시와 관련하여 치열한 논쟁이 벌어지게 되었다. 그러면 당시 사람들의 대체적인 정서는 어떤 것이었는지를 실록을 통해 살펴보기로 한다.

> (헌납 남효의가 아뢰기를) 형편대로라면 재상의 자제들이 반드시 먼저 과거에 합격할 것이니, 초야의 천한 선비가 어떻게 바랄 수 있겠습니까? 그렇지만 초야의 선비가 과거에 합격하기도 하고 부귀한 사람들의 자제가 합격하지 못하기도 하는 것은 공도(公道: 과거제도를 말함)가 있기 때문입니다. 이 때문에 세상 사람들이 모두 과거가 중한 줄 알게 되고 따라서 공도를 보존하는 것인데, 요즘에 이르러서는 혹 현량이라 일컬어 과(科)를 설치하기도 하고 혹 천거라는 것으로 등급을 뛰어넘어 발탁하기도 하므로 오히려 과거를 경시하여 소홀히 여기게 되었습니다. 그리하여 역대 임금 때부터 유지되어 온 공도가 이로 인해 쓸어 버린 듯 없어졌으니 매우 가슴아픈 일입니다.
>
> (『중종실록』 권38 중종 15년 1월 경자)

한 마디로 당시에는 관리를 뽑는 방법으로서 과거만큼 공정한 제도가 없다는 생각이 지배적이었다. 또한 과거의 공정함을 믿었기 때문에 그 합격자를 존경했던 것이다. 그런데 조광조 일파들은 이러한 대세의 흐름에 정면으로 역행하려 했던 셈이었다. 그 결과는 무엇이었던가?

잘 알려진 것처럼, 조광조는 현량과를 관철시키려다가 죽음을 맞았다. 어떻게 보면 조광조는 “간신들의 모함”이나 파워 게임에 희생자라고도 생각할 수 있을 것이다.

하지만 우리는 조광조의 죽음을 다른 각도에서 볼 필요가 있다. 우리는 먼저 조광조의 반대 세력이 그를 치기 위해 물고 늘어졌던 내용이 무엇인가를 알 필요가 있다. 그들은 조광조가 조정의 관리로 천거했던 사람이 조광조의 지인(知人)이라는 사실을 강조하였다. 사실 현량과에서 이것은 너무나 당연한 일이었다. 누구를 추천할 때 그 대상은 평소에 잘 아는 사람일 수밖에 없는 것이기 때문이다. 그러나 이것은 걸고 넘어갈 것 같으면 얼마든지 걸릴 수가 있는 일이었다. 반대파들은 조광조가 사람을 추천하는 과정에서 사정이 개입되었다고 주장하였고, 이것은 결국 왕의 마음을 움직이게 했던 것이었다.

원래 조광조가 현량과를 실시하려 했던 목적의 하나는 상대 세력을 견제하기 위해서였는데, 그가 바로 이 현량과 때문에 숙청을 당했다는 것은 아이러니라 아니 할 수 없다. 여하튼 우리가 유의해서 볼 것은, 그 반대파의 주장이 어떤 메시지를 담고 있는가 하는 것이다. 이들 주장의 핵심은 관리는 공정하게 뽑아야 한다는 것과 이는 과거 시험을 통해서만이 가능할 수 있다는 것이었다. 이것은 당시 대부분 사람들의 생각을 반영한 것이었다. 결국 과거제도만이 가장 공정하고 합리적이라고 믿었던 당시 사람들의 정서를 조광조가 넘기에는 너무나 역부족이었던 것이다.

이러한 정서는 오늘날도 크게 다르지 않은 것 같다. 추천제에 대해 반감을 갖고 있으면서도 침묵하고 있는 학부모들이 대부분이라고 할 수 있다.

추천제 전형이 처음 도입되었던 당시에 어느 고등학교에서는 한 학생이 불량학생을 동원해 다른 학생들에게 압력을 넣거나 물량공세를 퍼붓는 등의 방법으로 학생회장에 당선되었으며, 결국에는 학교장 추천을 받아 일류 대학에 입학하게 되었다는 얘기를 들은 적이 있었다. 또한 모 고등학교 학생이 학교에서 학생회장 후보들에게 당선될 경우 1,000만~2,000만 원의 기부금을 요구해 자신도 입후보하고 싶었으나 돈이 없어 하지 못했다는 내용의 글을 인터넷에 올려 학교 전체에 커다란 파문을 일으켰다는 신문 보도도 있었다.

그런데 우리가 주목해야 할 것은, 이런 일들이 과연 사실이냐의 여부보다는 어째서 이런 소문(?)들이 등장하게 되는가 하는 점이다. 특히 이런 소문들은 보통 그 사실 여부와 관계없이 커다란 파장을 일으키게 되는 이유가 무엇인지를 알 필요가 있다.

우리는 어떤 제도가 편법이나 부정이 개입될 여지가 없는 것이라 할 때는 의심하지 않는다. 그러나 그 제도가 어떤 허점이 있을 때는 그것이 악용될 수 있는 가능성에 대해 끊임없이 걱정하지 않을 수 없게 된다. 더군다나 그것이 대학 입시처럼 한 개인의 일생을 좌우할 정도로 중요한 경우라면, 그러한 우려는 피해의식의 성격까지도 띠게 된다. 그들의 이런 불안감은 결코 가볍게 볼 문제가 아니다. 앞서 언급한 소문은 바로 그러한 불안감의 발로이며, 부정이 저질러질지도 모른다는 일종의 경고이면서 동시에 그런 제도는 폐지되어야 한다는 일종의 메시지를 담고 있는 것이라고 할 수 있다(언제부터인가 일선 고등학교에서는 학교장 추천 대상을 전교 석차 1, 2등 학생들에게 국한한다고 하는데, 이는 앞서 언급한 문제점들을 해소하고자 하는 노력의 결과라고도 할 수 있을 것이다. 하지만 이렇게 기계적으로 하는 추천 전형이라면 운영할 필요성이 있는가가 의문이며, 따라서 이참에 아예 폐지하는 것이 바람직하지 않은가 한다.).

12. 수행평가제는 유보되어야 한다

일선 학교에서 보편적으로 실시되고 있는 수행평가제에 대해 말하고자 한다. 여기서는 전에 수행평가제와 관련해 벌어졌던 골치 아픈 찬반논쟁을 재연하려는 것은 아니다. 다만 필자는 우리의 기나긴 시험 문화적 전통에서 수행평가제는 과연 무엇인가를 얘기하려고 한다. 우선 이 제도가 생소하게 들리는 독자들을 위해 간단한 설명이 필요할 것 같다.

수행평가제라는 것은 학생들의 학업 발달 상황을 결과만을 가지고 일회적으로 평가하는 것이 아니라, 교육의 전 과정에서 학생들의 다양한 측면을 다양한 방법을 통해 수시로 평가하려는 것을 말한다. 여기서의 초점은 학생 사이의 성취 정도를 비교 평가하는 것이 아니라, 학생 개개인마다 각각 얼마만큼의 발달이 있었는가를 평가한다는 것이다. 따라서 수행평가제에서는 기존의 평가 방법과는 달리 학생들의 활동이 더욱 많이 요구될 수 밖에 없다.

그런데 대부분의 학생이나 학부모들의 경우, 이 수행평가제에 대해 상당히 부담을 느끼고 있는 것이 사실이다. 이것은 단순히 수행평가제로 인해 학생들의 학업량이 늘어나게 된다는 것 때문이 아니라 수행평가가 대학 입시와 연계되어 있기 때문이다.

무엇보다도 이 제도의 운영 원칙이 불분명한 측면이 있다 보니 학생이나 학부모들은 불안감을 갖지 않을 수 없게 된다. 이것은 바로 수행평가제에서 교사의 재량권이 크기 때문에, 과연 공정하게 평가할 수 있을까 하는 의구심과 관련이 있다. 우리나라 국민들 사이에 사람에 의한 평가보다는 획일적 시험에 의한 평가가 공정할 수 있다는 그런 정서가 강하게 자리하고 있기 때문이 아닌가 한다. 특히 무려 1,000년 가까이 실시되었던 과거제도는 이러한 정서를 갖게 하는 데 큰 영향을 미쳤다고 볼 수 있다.

또한 우리의 시험 문화의 특성을 고려할 때, 수행평가제는 다음과 같은 딜레마에 봉착할 수밖에 없음을 알 필요가 있다. 첫째, 지금처럼 수행평가제가 입시(내신)와 연계되어 실시되는 경우이다. 지난 과거공부 행태에서 너무나 분명하게 알 수 있는 것처럼, 수험생이나 학부모들은 어떤 좋은 취지의 교육도 오직 시험 전략의 차원에서 대처하게 됨으로써 결과적으로 그것의 본래 취지는 퇴색할 수밖에 없게 된다는 것이다. 수행평가제가 실시된 직후에 학생들이 수행평가 과제를 대신해 주는 학원이나 인터넷을 통해 자료를 챙겨 과제물을 도와주는 과외가 생겨났다는 사실은 이를 잘 증명해 주고 있다(초등학생의 경우 수행평가가 '엄마평가'로 불리워질 정도로 부모들이 경쟁적으로 과제를 대신해 주고 있다고 한다).

둘째, 만일 이러한 부작용을 줄이고 본래 수행평가의 취지를 살리기 위해 입시와 무관하게 운영할 경우는 어떻게 될까? 이 역시 그동안 우리가 겪어 온 시험 문화의 전통을 생각해 보면 아주 쉽게 예측할 수 있는 문제이다. 옛날에 과거 준비를 할 때 과거 시험과 관계없는 책들은 선비들에게 외면당했었다. 이와 마찬가지로 지금도 입시와 관계없는 교육은 무엇이든 간에 학생들의 호응을 얻지 못 한다. 따라서 입시와 무관하게 수행평가제를 운영한다면 학생들은 과제를 무성의하게 수행할 가능성이 크다.

그야말로 지금처럼 입시 제도가 존재하는 상황에서는 이러지도 저러지도 못하는 딜레마에 빠질 수밖에 없게 되는 것이다. 따라서 수행평가제는 우리가 입시에 연연해하지 않게 되는 그날까지 유보할 필요가 있는 것이다(최근 교육부는 내신에서 수행평가의 비중을 강화하고 있다고 하는데, 이런 상황에서 그나마 부작용을 줄일 수 있는 방법은 과제형 수행평가를 없애고 학교 수업 안에서 수행평가가 이루어지도록 하는 것이다).

13. 수능 시험을 쉽게 출제해서는 안 되는 이유

전에 어떤 교육부 장관이 다수의 수능 만점자가 나올 수 있도록 출제하겠다는 방침을 발표한 적이 있었는데, 이렇게 하면 학생들이 사교육을 받을 필요가 없게 되기 때문에 학부모들의 사교육비 부담을 획기적으로 줄일 수 있을 것이라는 기대에서였다.

그러나 사교육을 줄이기 위해서 수능 시험 출제를 쉽게 하겠다는 발상은 문제가 있다. 수능 시험은 분명히 그 나름대로의 취지가 있다. 즉 대학에 입학해서 제대로 공부할 능력이 있는가를 변별해내는 것이다. 그런데 이러한 본래의 목적을 도외시한 채 사교육 완화라는 부차적인 목적 때문에 출제 방향을 바꾼다는 것은 누가 보더라도 본말이 뒤바뀐 처사이다.

또한 수능 시험 문제를 쉽게 내면 과외가 줄어들 것이라고 하는 것도 터무니없는 기대이다. 우선 과외가 시험이라는 경쟁제도의 산물이라는 점을 생각한다면, 수능 시험이 있는 한 사교육은 없어질 수가 없다는 것은 누구라도 쉽게 알 수 있을 것이다. 즉 상위 학생들은 쉬운 수능 시험에서 만점을 받아야만 한다는 강박관념 때문에 사교육으로부터 자유로울 수 없고, 하위 그룹에서는 수능 시험이 쉽건 어렵건 상관없이 어차피 사교육을 받으려는 학생들이 나올 수밖에 없는 것이다. 그런데 수능 시험을 전보다 쉽게 출제하게 되면 실제로 사교육을 받는 학생들이 다소 줄어들 수는 있다. 하지만 문제는 그 다음에 발생하게 된다. 학생들은 달라진 수능 시험의 난이도 수준에 맞춰 대비를 하게 될 것이고, 이럴 경우 학생들의 전반적인 학력 수준은 저하될 수밖에 없게 된다. 이렇게 되면 수능 시험 문제를 전과 동일한 수준으로 쉽게 출제한다 하더라도 학력이 저하된 학생들의 입장에서 그것이 쉽게 느껴지지는 않게 될 것이다. 이렇게 되면 종전처럼 사교육이 성행할 수밖에 없게 되는 것이다. 그렇다면 또 다시 수능 시험의 난이도를 더 낮출 것인가? 이는 어불성설이다. 이처럼 수능 시험을 쉽게 출제할 경우에는 얻는 것은 없이 학생들의 학력이 떨어지는 결과만을 가져오게 될 것이다. 결국 수능 시험 난이도를 하향 조정한다는 것은 혹시 반짝 효과는 얻을지 몰라도, 길게 봤을 때는 되돌리기 어려운 심각한 부작용을 초래할 가능성이 크다.

수능 시험을 쉽게 출제하기로 한 정책이 어떤 결과를 가져올 것인가 하는 것은, 조선시대의 과거제도와 그 공부 방법을 되짚어 보면 어느 정도 예측이 가능하다고 본다.

앞서 언급한 것처럼, 조선시대 선비들은 대체로 요행에 의존한 채 학업에는 소홀히 하는 경향이 있었다. 그렇다 보니 과거 시험을 보더라도 쓸 만한 답안을 작성하는 선비들이 많지 않았다. 그런데 만일 합격자가 적게 되면 국가시험으로서의 위신이 서지 않는다고 하여 성적 미달자까지 선발하는 경우가 많았다.

즉 앞에서 살펴본 바와 같이, 당시 과거 시험 평가단계는 통·약·조·불의 네 단계가 있었고, 이 중에서 '약' 이상의 성적을 거둔 응시생 중에서 뽑아야 한다는 규정이 있었음에도 불구하고 결국에는 '조' 성적까지도 뽑기에 이르렀다. 이것은 어떤 결과를 가져왔는가? 합격자가 부족한 것은 전과 마찬가지였다는 것이다. 이는 한 마디로 선비들이 공부를 더 안 하게 되었기 때문이다. 즉 선발 기준이 하향 조정되었기 때문에 그들은 공부를 덜 해도 합격할 수 있다고 생각하게 되었던 것이다.

언제부턴가 수능시험을 보지 않고도 대학을 들어갈 수 있게 되었으며, 심지어 대학에서의 수학능력과 크게 관계가 없어 보이는 비교과 활동이 합격을 좌우하는 상황에 이르고 있다. 이처럼 수능시험의 위상이 전체적으로 위축되고 있는 마당에 앞서의 주장은 공허하게 느껴질 수도 있을 것이다. 하지만 이는 앞으로 우리가 합리적인 입시, 즉 수능시험 중심으로 회귀하게 되었을 때 똑같은 전철을 밟지 않기를 바라는 마음에서 올리는 고언이다.

14. 고교등급제를 어떻게 볼 것인가

잘 알려진 것처럼, 교육부에서는 소위 '3불(不) 정책'이라 하여 본고사·고교등급제·기여 입학제에 대해서는 일절 불허하여 왔다. 여기서는 그 중에서 고교등급제 문제에 대해 짚어보고자 한다.

지금까지 대학 입시에서 내신을 반영할 때 어느 고등학교 출신이든 내신점수 그대로를 반영해 왔었다. 그런데 일부 대학들로부터 이것에 대한 문제제기가 있어 왔다. 단적으로 말해서, 고등학교들을 보면 소위 일류대에 상당수의 합격자를 배출하는 학교가 있는가 하면 아예 한 명도 합격시키지 못하는 학교도 있는 등 현실적으로 학력차가 존재하는 데도 불구하고, 어떻게 고교 졸업생들의 내신 성적을 일률적으로 반영할 수 있느냐는 것이었다. 아울러 이와 같은 문제점을 시정하기 위해서는 고등학교마다 등급을 정한 다음 내신 성적을 차별화시켜 반영해야 한다는 주장이 제기되어 왔던 것이다.

물론 이러한 주장에는 타당한 측면이 있다. 그러나 그들이 간과하고 있는 몇 가지 중요한 점들이 있다.

먼저 고교등급제라는 발상은 누가 보더라도 성적 연좌제라는 것이다. 우리는 지난날의 폐습 중에서도 아주 가혹했던 것으로 연좌제를 기억한다. 이것은 자기는 잘못이 없음에도 불구하고, 가족의 죄 때문에 억울하게 사회생활에서 제약받았던 전근대적인 악습이었다. 그런데 바로 고교등급제는 졸업생의 성적에 따라 재학생이 불이익을 받을 수도 있게 된다는 점에서 일종의 연좌제라는 것이다. 가족 때문에 불이익을 당했던 것이 이제는 학교 선배 때문에 불이익을 당할 판이다. 우리는 무엇보다도 비인간적인 폐단으로 지목되는 연좌제가 어떻게 교육이라는 신성한 분야에서 자행될 수 있는가 반문하지 않을 수 없다.

또한 고교등급제는 기본적으로 학생들의 학력이 학교 교육만의 결과라는 전제를 깔고 있는 셈인데, 이것이 과연 적절한 생각인가 하는 것이다. 우리의 현실에 비춰 봤을 때, 대학 입시 성적이나 내신 성적을 과연 학교 교육의 결과만으로 돌릴 수 있을까? 우리는 여기서 사교육의 역할을 생각하지 않을 수 없다. 특히 "공부는 학원에서 하고 시험은 학교에서 본다." 혹은 "학교에서는 잠자고 공부는 학원(과외)에서 한다."라는 작금의 세태를 접할 때는 오히려 사교육이 학교 교육을 압도하고 있는 것이 아닌가 판단된다. 그렇다면 고교등급제는 실제로 사교육등급제가 될 가능성이 크다. 여기서 우리는 입시에서 내신 성적을 반영한다는 것 자체에 회의가 들게 될 뿐만 아니라, 나아가서는 고교등급제의 적절성에 의문을 제기하지 않을 수가 없게 된다.

또한 고교등급제를 실시할 경우에 우려되는 것은 앞으로 고등학교들 사이에 치열한 경쟁이 예상된다는 것이다. 각 고등학교들은 입시에서 불이익을 당하지 않기 위해 학생들의 학력을 높이기 위해 애쓰게 될 것이다. 또한 자체적인 노력으로 한계가 있을 때는 결국 학생들에게 사교육을 받도록 압력을 넣을 가능성도 배제할 수 없다. 이때는 후배들에게 민폐(?)를 끼쳐서는 안 된다는 식의 명분을 학교가 들고 나올 것이다.

고교등급제 실시 주장은 내신 성적을 입시에 반영함으로써 생기는 부작용에 대한 반작용인 셈이다. 그런데 처음에 교육부가 입시에서 내신 성적을 반영키로 한 것은 이것이 학교 교육의 정상화에 공헌할 것이라는 생각에서였다. 결과는 어땠는가? 물론 학생들이 전보다 학교 교육에 신경을 더 쓰게 되었던 것은 사실이다. 특히 종전에 찬밥 신세였던 과목들이 내신 성적 반영 이후 제대로 대접받게 되었다는 것은 중요한 성과라고 할 수 있을 것이다.

하지만 이에 따른 문제도 만만치가 않다. 내신 성적이 입시에 반영됨에 따라, 학부모들은 여기에 신경을 안 쓸 수가 없게 됨에 따라 내신 과외를 시키는 결과를 가져왔다. 그렇다 보니 종전에 수능 과외에만 치중했던 것이, 이제는 전 과목에 걸쳐 과외를 시키게 된 셈이 되었던 것이다. 이로 인해 학부모들의 학비 부담이 커지게 되었다는 것은 차치하더라도, 학생들이 사교육에 더욱 시달리게 되었다는 것은 크나 큰 문제다. 이뿐만이 아니다. 일선 고등학교들에서는 학생들의 내신 성적을 높여 주기 위해서 한동안 '성적 부풀리기'라고 하는 비교육적인 행동도 서슴지 않는 적도 있었다. 이것을 어찌 학교 교육의 정상화라고 할 수 있을까?

처음부터 내신 성적을 입시에 반영한다는 것 자체가 무리였다. 고등학교마다 수준과 형편이 다른데, 어떻게 대학에서 내신을 학생 선발의 잣대로 삼을 수가 있다는 말인가? 그래서 대학들은 고교등급제의 필요성을 느끼지 않을 수 없겠지만 문제는 뭘 기준으로 등급을 매길 것인가 하는 것이다. 대학들은 나름대로 합리적인 방안을 공언하겠지만 모든 학부모들이 동의할 수 있는 방안을 내놓는다는 것은 불가능한 일이다.

여러 모로 생각을 해 봐도, 고교등급제는 문제가 있기 때문에 앞으로도 실시해서는 안 된다고 본다. 그리고 기본적으로 입시에서 내신 성적을 반영하는 문제도 재고해 봐야 한다. 무엇보다도 이것들이 입시의 기본 원칙인 공정성을 담보할 수 없기 때문이다. 입시 방향이 고등학교 교육의 정상화에 도움이 되어야 한다는 점에 대해서는 충분히 공감하지만, 입시의 기본 원칙인 공정성을 희생시키면서까지 방향을 틀 필요는 없지 않은가? 순리대로 할 일이다.

우리는 여기서 수험생들에게 똑같은 기준을 제시하고 그 안에서 실력을 발휘하도록 했던 지난날의 과거제도를 되돌아볼 필요가 있다고 본다. 거기에 담겨 있던 가장 중요한 원칙은 역시 공정성이었다. 그랬기 때문에 과거는 가장 공평무사한 제도라는 의미로서 '공도(公道)'로 불려져 왔고, 약 1,000년이라는 오랜 기간 동안 유지될 수 있었던 것이다.

15. 수능 시험날 '법석'의 이유

전에 어느 일본인이 한국인에 대한 비판을 내용으로 한 책을 펴내 화제가 된 적이 있었다. 거기서 그는 우리나라의 수능 시험날 벌어지는 광경이 너무나 이해하기 힘든 모습이라고 쓰고 있다. 비행기 이착륙 금지, 전 국민 출근시간 조정, 버스·전철·택시 총동원, 경찰 비상사태 등등. 그 일본인은 이런 상황을 전쟁에 비유하였다.

그런데 그가 특히 이해하지 못하겠다고 한 부분은, 학부형은 물론이고 나라까지 앞장서서 학생들을 떠받들고 있다는 것이었다. 한 마디로 과잉보호라는 것이다. 그는 이것이 절대로 교육적인 처사가 아니라고 주장하였다. 재미있는 것은, 그가 입시날만 되면 거의 예외없이 강추위가 기승을 부리는 이유가 한국 사람들의 잘못된 사고방식을 경고하기 위해 하늘이 시련을 내리는 것으로, 다시 말해서 집단적으로 잘못을 저지르고 있으니 고생 좀 해 보라는 뜻으로 추위에 떨게 하는 것으로 생각한다라는 말을 덧붙이고 있다는 것이다.

그가 말하려고 했던 내용의 큰 흐름은 한국 부모들이 자녀들을 과잉보호함으로써 오히려 그들을 망치고 있다는 것 같다. 필자는 한국인에 대한 그의 비판은 상당부분 일리가 있다고 보며 그의 비판을 십분 수용해야 한다고 본다.

그렇지만 수능 시험 당일 날 벌어지는 모습들에 대한 그의 비판은 한국의 교육 문화와, 그리고 이것이 그대로 스며들어 있는 한국 국민의 정서에 대한 이해 부족 때문이라 생각한다.

일본은 어떤가 잘 모르겠지만, 한국에서는 단 하루의 시험이 그 학생의 인생을 좌우한다고 해도 과언이 아니다. 그래서 그 많은 학생들이 이 날을 위해 십 년을 넘게 준비를 하는 것이다. 그런데 만일 수능 시험날 길이 막혀 입시장에 지각하게 된다면 얼마나 안타까운 일이겠는가? 많은 한국의 어른들은 평소에 입시 공부에 시달리고 있는 학생들을 보면 안쓰럽게 생각한다. 그래서 수능 시험날 수험생들을 보게 되면, 아무쪼록 그동안 배웠던 것을 잘 살려 시험 잘 보라는 격려를 내심으로라도 보내고 싶어한다. 그들은 바로 학생들의 선배이기도 하기 때문에 그럴 수 있는 것이다.

한국 사람들이 수험생들에 대한 마음이 어떤 것인지는 다음과 같은 일화가 잘 보여 준다. 앞에서 언급한 바와 같이, 수능 듣기평가 시간 동안에는 우리나라 전역에 모든 비행기 이착륙이 금지된다. 이것은 외국 사람들로서는 도저히 이해가 되지 않는 부분이다. 한 번은 김포공항에서 이륙하기로 되어 있는 비행기가 마침 수능 듣기평가 시간에 걸려 이륙하지 못하고 있었다. 시간이 지났는데도 비행기가 이륙할 기미가 보이지 않자 승객들은 술렁이기 시작했고 급기야 승무원들에게 항의하는 사태가 벌어졌다. 그때 기내 방송에서 지금은 수능 시험 듣기평가 시간이어서 비행기 이륙이 지연되고 있다는 안내 멘트가 있자 기내는 일순간에 숙연해졌다고 한다.

수험생을 배려해 주려 했던 것은 오늘만의 얘기는 아니다. 조선시대 역시 과거에 응시하도록 되어 있는 선비들에게는 최대한의 편의를 봐 주었다. 한 예를 들면, 중종 때 변방에 수비 임무를 띠고 파견된 사람들 중에는 복시(과거 2차 시험) 합격자들이 섞여 있었는데, 조정에서는 이들이 서울에서 과거 시험을 볼 수 있도록 다른 사람과 대치시켜 준 일이 있었다. 이것은 그동안 과거 준비를 해 왔던 선비들이 시험기회를 놓칠 경우에 한이 되기 때문이었다. 이처럼 조선시대에도 수험생들에 대해서만은 각별히 배려했던 것이다.

오늘날 우리가 수능 수험생들에게 어떻게든 신경을 써 주려는 것도 이런 차원에서 이해할 수 있는 것이다. 오히려 지금은 조선시대보다 더 많은 배려를 해 주어야 하는 것인지도 모른다. 왜냐하면 오늘날은 응시기회가 옛날과 비교가 되지 않을 만큼 적기 때문이다(조선시대 때는 30년 이상이나 응시할 수 있었던 반면에 지금은 한두 번밖에 기회가 없는 셈이기 때문에…….)

그래서 수능 시험날 그런 '법석'을 떨게 되는 것이다. 경찰이 수험생을 오토바이 뒤에 태우고 시험시간에 아슬아슬하게 도착하는 광경을 볼 때, 그것을 과잉보호라고 말하는 한국 사람은 아마도 없을 것이다. 오히려 가슴이 짠해지면서 자기도 모르게 박수를 치게 되는 것, 이것이 바로 정겹고 푸근한 한국인들의 정서인 것이다. 그리고 이런 모습은 과거 시험(그리고 입학 시험)의 역사 동안만큼이나 변함이 없던 것이었으리라.

16. 입시가 개선되지 않는 이유 중 한 가지

많은 사람들은 지금의 우리 대학입시에 대해 긍정적인 평가를 하지 않는다. 비단 지금 입시에만 해당되는 것은 아니고, 입시가 생긴 이래로 늘 그래왔다고 할 수 있다. 과거의 입시는 차치하고 지금의 우리 입시를 다시 한번 들여다보자. 한마디로 이렇게 복잡한 입시가 없다. 그래서 세계 어느 나라보다도 학생과 학부모들을 고생의 구렁텅이로 내몰고 있는 것이 우리 대학입시다. 그렇다면 이렇게 카오스적인 입시는 혹시 어떤 장점이라도 있는 것인가? 우리의 입시는 공정하거나 혹은 합리적이거나, 아니면 교육적인가? 아마도 이것을 만든 사람들 말고는 (기본 상식이 있는 사람이라면) 그렇게 생각하는 이들은 별로 없을 것이다.

특히 이와 같은 지금의 입시제도 문제점을 가장 절절하게 체험하게 되는 사람들이 있는데, 그들은 바로 학생과 학부모들이다. 한국에서 살아가야 한다면 거의 예외없이 대학입시라는 통과의례를 거쳐야만 한다. 다시 말해서 누구나 한번쯤은 입시의 직접적인 당사자가 되지 않을 수 없게 된다는 것이다. 이처럼 누구든지 대입이라는 전쟁에 휩쓸리게 되면 그 실체에 직면하게 되는데, 이때 우리의 대학입시가 얼마나 무원칙하고, 공정하지도 않으며, 얼마나 비교육적인가를 비로소 깨닫게 된다. 하지만 입시가 난장판이라는 현실을 뼈저리게 확인하게 된다고 해도 어쩔 도리가 없이 자신들이 처한 혼돈의 입시에서 어떻게든 합격이라는 한 가지 목표에만 매달릴 수밖에 없게 되는 것이 우리의 현실이다. 그리고 입시가 끝나고 난 뒤, 모든 것은 잊혀진다. 아니 잊을려고 애를 쓴다. 합격한 쪽이건 불합격의 고배를 마신 쪽이건 마찬가지다.

지긋지긋한 군대생활을 한 사람들은 자기가 근무했던 군대 방향으로는 오줌도 안 눈다는 말이 있다. 끔찍한 기억을 떠올리기도 싫다는 심리로 이해될 수 있을 것인데, 입시를 겪은 학생이나 학부모들의 심리 또한 이와 별반 다르지 않은 것 같다. 따라서 이들이 겪었던 입시의 부조리함을 다시 한번 기억에 떠올리고, 나아가 적극적으로 이것을 개선하려는 실천적 행동을 기대한다는 것은 무리한 일이라 할 수 있다.

이처럼 대부분의 사람들이 입시의 문제점을 온몸으로 체험하게 되지만, 입시가 끝난 뒤에는 기억조차 하기도 끔찍한 경험이라서 아무도 개선을 위해서 나서려고 하지 않고 있는 것이 우리의 현실인 것이다. 이것이 바로 우리나라 대학입시가 좀처럼 개선되기가 힘든 이유 중의 하나인 것이다. 입시 때문에 아무리 아파 봤어도 그 경험이 앞으로 아픔을 겪게 될 이들에게 별 도움이 되지 못하고 있는 현실이 우리의 가슴을 아프게 한다.

17. 현대판 초집을 보면서

어쩌면 그렇게도 조선시대와 똑같을 수가 있을까? 전에 신문에 고액 논술 족집게 과외 기사를 보고 들었던 필자의 생각이다. 당시 강남 지역을 중심으로 논술 족집게 과외가 성행 중이었는데, 시사성이 큰 사건을 중심으로 '예상 문제'를 뽑은 뒤 강사들이 '틀에 박힌 모범 답안'을 알려주는 식이라고 하였다. 학생들 사이에서는 어떤 강사가 뽑아주는 문제는 무조건 나온다는 얘기까지 공공연하게 이루어지고 있다고 하였다. 완전히 조선시대 초집의 '21세기 버전'을 대하는 것 같은 느낌이었다.

재미있는 것은 여기에 대한 대학들의 반응이었다. 서울대 연세대 서강대 이화여대 성균관대 등 서울시내 11개 주요 대학의 입학관련 책임자들은 당시 성행하고 있던 논술 족집게 과외를 막기 위해 협의회를 결성했는데, 거기서 논의된 내용에 주목할 필요가 있다.

우선 그 대책 중의 하나가 전문 강사의 과외를 통해 배운 듯한 시사용어나 속담 등을 무리하게 사용할 경우 감점을 할 것이라고 했다. 이것은 앞서 살펴본 것처럼 조선시대 과거 시험에서 초집을 보고 쓴 것 같은 답안을 불합격시켰던 것과 유사하다. 또 일부 대학에서는 기존 문제집에 실렸거나 전문 강사를 통해 자주 접하는 문제 유형을 배제하기로 했다고 하는데, 이것은 조선시대 때 초집으로 시험에 대비하는 것을 막기 위해 일부러 학생들이 예상키 어려운 문제들을 출제하려 했던 것과 비슷한 점이 있다고 하겠다.

특히 조선시대에 초집이 처음 등장하게 된 배경, 즉 과거 시험에서 갑자기 제술 시험(지금의 논술 시험)이 부과되면서 학생들이 어떻게 해야 할지 몰라 예상 문제집에 의존하려 했던 것과, 오늘날 논술 족집게 과외가 성행하게 된 원인이 그 당시와 크게 다르지 않다는 생각에 안쓰러운 느낌이 들었다.

역사는 진정 반복되는 것인가? 논술 족집게 과외 성행은 이런 생각을 다시 한 번 갖게 만든 일이었다.

18. 입시를 넘어서

나는 앞에서 지금의 대학입시를 '난장판'이라고 했다. 고등학교에서 입시를 담당하고 있는 교사들도 알 수 없는 난수표 같은 전형들, 합격자나 불합격자 모두 그 이유를 알기 힘든 모호한 선발기준, 이로 인해 닥치는 대로 준비할 수밖에 없는 학생들의 고단함과 그것을 지켜봐야 하는 학부모들의 참담한 심정, 그리고 저마다 입시전문이라고 외치는 컨설팅 업체나 사교육기관에 휘둘릴 수밖에 없는 현실 등등, 일일이 열거하기도 힘든 문제들을 생각할 때 지금의 대학입시는 난장판 그 자체라 아니 할 수 없다.

나는 이같은 난장판 대입제도를 개선하기 위한 방향 설정과 관련하여 가장 중요한 단어는 바로 '공정성'이라고 본다. 앞서 말한 대학입시에서의 난맥상은 바로 입시의 최고 가치인 공정성을 저버렸기 때문이다. 모든 학부모는 자식이 제 실력껏 대학에 들어가기를 기대한다. 이것은 모든 학부모들의 인지상정이다. 절대로 있어서는 안 되는 일은 자식이 실력이 있는데도 불합격하는 것이고, 실력도 안 되는 남의 자식이 합격하는 일이다. 그렇기 때문에 모든 학부모나 학생들이 동의하는 입시의 최고 원칙은 바로 공정성이다. 앞으로 공정성을 기본 원칙으로 하여 대학입시를 손보게 된다면 앞서 언급했던 복잡하고 무원칙한 입시는 자연스럽게 정리될 수 있을 것으로 본다.

하지만 필자가 정말로 얘기하고 싶은 것은 이것이 아니다. 지금의 대학입시가 복잡하고 무원칙해서 공정하지 못하니 옛날의 과거시험의 핵심원칙인 공정성을 본받아 지금의 대학입시를 바로 잡는 것이 물론 중요한 과제이긴 하지만, 이보다 훨씬 더 중요한 문제가 있다. 바로 근본적인 대책인 것이다.

우리가 공정성을 최고 원칙으로 추구했던 과거시험의 기본 정신을 이어 받아 대학입시를 개선 한다고 해도, 예를 들어 가장 공정한 시험의 대명사인 수능 위주의 전형으로 간다고 해도, 이를 둘러싼 치열한 경쟁과 이로 인한 우리 교육의 손상은 피할 수가 없을 것이다. 그렇기 때문에 우리에게 절실히 필요한 것은 근본적인 대책, 즉 어떻게 하면 대입 경쟁이 줄어들 수 있겠느냐 하는 것이다. 다시 한번 강조하거니와 우리가 아무리 입시제도를 손본다 하더라도 우리 교육은 크게 달라지지 않을 것이다. 따라서 우리에게 필요한 안목은 바로 '입시를 넘어서'이다. 우리 교육문제 해법의 실마리는 입시에 있는 것이 아니라 그 너머에 있다는 것을 알 필요가 있다.

그 너머란 무엇인가? 바로 우리 사회이다. 취업, 결혼, 사회생활 등 모든 분야에서 학력이 중요한 영향을 미치고 있는 그곳이 바로 대한민국이라는 사회이다. 그 중에서도 삶과 가장 직결되는 취업 문제에서 학력의 영향력은, 최소한 아직까지는, 가히 절대적이다. 이처럼 학력과 취업 사이의 강력한 연결고리가 끊어지지 않는 한 치열한 입시경쟁과, 그리고 이로 인한 교육의 파행은 어쩔 도리가 없어 보인다. 따라서 우리가 꼭 해야만 하는 것은 그 연결고리를 해체하기 위한 실제 행동이다.

19. 우리교육이 달라지려면 (1)

우리의 교육 현장을 들여다보면 그동안 아무리 훌륭한 취지를 지닌 교육개혁안도 제대로 이루어지고 있는 것은 하나도 없는 것 같다. 열린 교육이니 수행평가제니 하는 것들도 결국은 입시라는 괴물 앞에서는 그 빛을 잃고 말았다.

우리의 모든 교육은 입시를 위한 수단으로 전락되고 있다. 오늘날 수능과외·내신과외·수행평가과외·논술과외·경시대회과외·심층면접과외 등등의 존재는 이것을 유감없이 보여 준다. 이것은 비단 오늘만의 문제는 아니다. 과거제도가 있었던 조선시대에서도 마찬가지였다. 이처럼 교육을 다른 목적을 달성하기 위한 수단으로 보는 한 진정한 의미의 교육은 불가능한 것이다.

그렇다면 어째서 사람들이 입시에 매달리는지를 생각해 보자. 이것은 한 마디로 좋은 대학을 나오면 사회생활에 유리하다는 인식 때문이다. 그 중에서도 가장 중요한 것은 일류 대학을 나와야만 좋은 직장에 취직할 수 있다는 생각이다.

특히 이것은 우리나라만의 고용관행과도 관련이 깊다. 우리의 기업들은 종업원들을 채용할 때 우선적으로 학력(學歷)을 고려한다. 이는 우리나라 기업들의 사원 채용 기준이 지원자들의 전체 석차임을 보여 준다. 지원자들의 출신학교를 보는 것도 바로 그들이 전체에서 몇 등 정도의 수준인가를 가늠하기 위한 것이라고 볼 수 있다. 현실이 이렇다 보니 너나 할 것 없이 가능한 한 상위석차 그룹의 상징인 일류 대학에 들어가기 위해 머리가 터지게 경쟁하게 되는 것이라고 할 수 있다. 항상 우리를 짓누르고 있는 사교육 문제도 따지고 보면 그 연원은 바로 여기에 있다고 할 수 있다.

이와 같은 고용 시장에서 학력 위주의 관행을 개선하기 위해서는 무엇보다도 정부의 적극적인 개입이 필요하다. 정부는 모든 수단을 동원하여 각 기업들이 종업원을 채용할 때 학력보다는 능력을 위주로 하도록 유도해야 할 것이다. 그리고 이것이 결국 기업을 위해서도 좋은 일이라는 것을 기업주들에게 인식시켜야 할 것이다(그동안 기업들의 경우, 이것을 몰라서 안 한 것이 아니라, 그 절차가 번잡하다는 이유 때문에 학력이라는 간편한 방법에 의존해 온 것이라 할 수 있다.).

이런 점에서 전에 한 교육부 장관이 삼성, 현대 등 재벌그룹을 방문해 기업이 학력 대신 능력 위주로 신입 사원을 뽑고, 특히 입사지원서에 '학력란'을 없애도록 요청한 것은 중요한 의미를 갖는 일이었다. 그러나 이런 식의 권유 정도 가지고서는 안 된다. 우선 기업에서 사원을 뽑을 때 절대로 지원자들의 학력을 묻지 말도록 법으로 명시하고, 이를 어길 경우에는 강력한 제재를 가할 필요가 있다. 그동안 경찰청·국세청 등의 기관을 동원해서라도 고액과외를 적극적으로 막겠다는 정부의 의지를 보면 못 할 것도 없다고 본다.

여기서 분명히 하고 넘어갈 것이 있다. 필자가 주장하는 정부의 역할은 단순히 기업체들의 고용 관행을 개선하는 그 자체가 목적이 아니라는 것이다. 바로 우리 '교육의 정상화'를 위해서다. 만일 정부가 꾸준히 노력할 경우 기업체에서는 학력보다는 실제적인 업무능력을 기준으로 종업원을 채용하는 관행이 정착됨으로써 우리는 그만큼 일찍 능력주의 사회를 앞당길 수 있게 될 것으로 본다. 능력 중심의 사회로 바뀌게 되면 종전처럼 무작정 대학에 진학하고 보려는 풍조는 상당히 완화될 수 있을 것이다. 또한 이렇게 되면 일선 학교에서는 그만큼 입시에 치열하게 매달릴 필요가 없게 될 것이고, 그만큼 정상적인 교육이 가능하게 될 수 있을 것이다.

그러나 이 일이 결코 쉬운 일은 아닐 것이다. 무엇보다도 기존 학력 집단의 저항이 문제다. 전에 모 교육부총리가 국무회의 석상에서 기업체 입사 원서에 학력기재를 금지하는 법을 마련 중이라는 발표를 하자마자 다른 국무위원들로부터 집중 포화를 받은 적이 있었다. 그리고 이 일이 있은 후 얼마 안 있어 그는 교육부총리 자리에서 물러났다(그러나 이제는 상당수의 공기업과 일부 대기업에서는 입사 지원서에 학력기재 난을 없앤 것으로 알려지고 있는데, 참으로 고무적인 일이라 아니 할 수 없다.).

하지만 다음과 같은 점도 우려된다. 학생이나 학부모들의 입장에서는 학교 교육이 자기들에게 어떤 현실적인 이익을 가져다주지 못하는 것으로 판단될 경우에는 아예 교육 자체를 등한시하는 사태가 초래될 가능성도 배제할 수 없다는 것이다. 다시 말해서 대학 진학이 취업에 별반 도움이 되지 않게 된다면 학교

전반의 붕괴는 불을 보듯 뻔하다. 여기서 조선시대 교육의 아킬레스건이 바로 과거제도였다는 사실을 다시금 생각하게 된다. '과거 없으면 공부도 없다.'는 조선시대의 교육 현실처럼 우리도 '입시 없으면 공부도 없다.'라는 딜레마에 빠지게 되는 것은 아닐까?

20. 우리교육이 달라지려면 (2)

핀란드는 대한민국 교육의 미래다. 문자해독률 세계 1위, 수학·과학 성취도 세계 1위 등의 객관적인 지표 때문이 아니다. 핀란드 학생들은 자신이 하고 싶은 공부를 하고, 들어가고 싶은 마음이 생겼을 때 상급학교에 진학을 한다. 우리처럼 모든 학생들이 대학에 목을 매지 않아 치열한 경쟁이 없다. 핀란드는 우리가 그토록 갈망하는 정상적이고 모범적인 교육의 나라다.

우리는 이처럼 지극히 자연스런 교육이 이루어지고 있는 핀란드를 부러워하면서 똑 그렇게 되기를 염원하지만, 정작 그 나라가 어떻게 해서 그런 교육이 가능하게 됐는지에 대해서는 잘 파악하고 있지 못하고 있는 것 같다. 그들은 왜 자신들이 하고 싶은 공부를 하는가? 사실상 취업률 100%, 학력보다 능력이 우선인 사회풍토, 고졸자나 대졸자나 큰 차이가 없는 소득, 그래서 고졸도 당당할 수 있는 사회 분위기 등이 우리의 고개를 끄덕이게 한다.

하지만 우리나라의 입장에서 가장 눈여겨 보아야 할 핀란드의 비결이 있다. 바로 사회복지 정책과 시스템이다. 핀란드는 사회

복지제도가 완비된 사회라서 우리처럼 무리하게 높은 학력을 추구하기 보다는 자신의 적성과 취향에 맞는 진로를 선택하려는 경향이 강하다. 물론 복지제도의 일환으로 소득에 따른 세금 부과를 통해 결과적으로 소득 격차가 크지 않다는 점이 중요하다고 하겠다.

우리나라는 어떤가? 사회복지제도가 취약하다보니 취업을 못하거나 실직을 하게 될 경우 그야말로 낭떠러지로 떨어지는 공포를 느끼지 않을 수가 없게 된다. 그래서 필사적으로 취업에 매달리게 되고, 취업의 전제 조건인 학력, 즉 대학입학을 위해 치열하게 경쟁하게 된다. 취업률 100%인 핀란드와는 달리 '헬조선'이라는 자조적인 말들이 난무할 정도로 각박한 우리의 취업률은 경쟁의 치열함을 극대화시키게 되는 것이다.

그래서 결론은 우리도 복지제도이다. 낭떠리지에서 떨어지더라도 받아줄 수 있는 사회안전망이 갖춰진다면 분명 상황은 많이 달라질 것이다. 어떤 경우라도 먹고 살 수 있는 제도가 만들어 진다면 지금처럼 만사를 제쳐두고 대학에 가겠다는 생각은 많이 누그러지게 될 것이다. 그대신 자신이 하고 싶은 일 또는 공부를 하려는 사람들이 점차 늘어나게 되고 우리 교육은 그만큼 본 모습을 찾을 수가 있게 될 것이다.

물론 쉬운 일은 아니다. 많은 노력과 시간이 필요할 것이다. 핀란드에게 정말로 배워야 할 것이 있다. 그들은 처음부터 복지국가가 아니었다. 그들은 나라가 가난했을 때부터 복지국가라는 목표를 세웠고 이를 위해 꾸준히 노력하여 오늘날과 같은 복지국가가 되었던 것이다.

우리에게도 희망은 있다. 최근 몇 년 전부터 국가예산의 1순위가 그동안 부동의 1위를 차지했었던 국방 또는 교육이 아닌 복지 관련 분야라는 사실을 알고 있는 사람들은 많지 않은 것 같다. 이렇게 방향이 잡혀졌으니 언젠가는 우리도 복지국가에 도달할 수 있을 것이다. 우리도 교육다운 교육을 우리 자녀들이 마음껏 누릴 수 있는 그날이 빨리 도래하기를 간절히 기대한다.

과거제도란?

과거제도란?

과거제도란 간단히 말해서 시험을 통해 관리를 뽑던 제도였다. 이와 같은 과거제도가 처음으로 실시된 것은 중국 수나라 문제(文帝) 개황(開皇) 7년, 그러니까 서기 587년부터였다.

그렇다면 당시에 수나라 문제는 왜 이 제도를 실시하려 했던 것일까? 우선 과거제도는 단순히 실력 있는 관리를 뽑는 것이 주목적이 아니었다는 것을 알 필요가 있다. 거기에는 보다 깊은 의도가 숨겨져 있었는데, 그것은 바로 왕권 강화, 보다 직접적으로 표현하면 왕 자신이 살아 남기 위해서였다. 왜 그런가?

당시 과거제도가 실시되기 전까지 관리를 선발했던 방법은 세습제나 추천제였다. 그런데 이러한 방법들은 유능한 관리를 확보하기 어렵게 한다는 것도 문제였지만, 더욱더 큰 문제는 이 때문에 특정 가문으로부터 관리가 계속 배출될 수밖에 없게 된다는 것이었다. 이로 인한 관리 배출에서의 부익부 빈익빈 현상은, 한편으로는 왕의 권위를 넘보게 되는 강력한 귀족 세력들의 형성을 가능케 하고, 다른 한편으로는 관리로부터 소외된 집단들로 하여금 왕에 대한 불만을 갖게 만들 수 있는 것이었다. 이 두 가지는 왕의 입장에서는 대단히 우려할 만한 일이었다.

그렇다면 어떤 방법으로 관리를 뽑았을 때 이 문제들을 동시에 해결할 수 있었을까? 그것은 상하 빈부의 차별 없이 능력 위주로 시험을 통해 관리를 선발하는 것이었다. 이렇게 해서 등장하게 된 것이 바로 과거제도이다.

이처럼 과거제도는 기본적으로 신분 개방과 능력주의를 추구했는데, 사실 이 두 가지는 마치 동전의 양면처럼 함께 갈 수밖에 없는 것이었다. 즉 관리 선발에 있어서 신분 개방은 곧 특정 가문에 대한 우대를 배제하는 것이었고, 이러한 신분적 요소를 대치할 수 있는 것은 자연히 능력이라는 요인일 수밖에 없는 것이기 때문이다.

그런데 최소한 중국의 과거제도에서는 대체적으로 이러한 원칙에 충실했다고 볼 수 있다. 중국에서는 천인이나 죄인 등의 극소수 집단을 제외한 모든 사람들에게 과거 응시 자격이 주어졌었다. 특히 이처럼 과거 응시 자격의 확대는 더욱 커다란 집단으로부터 관리를 뽑게 됨으로써 그만큼 더 유능한 인재를 얻을 수 있게 한다는 점에서 쉽게 명분을 확보할 수가 있었던 것이다.

그렇다면 과거제도는 어떻게 해서 왕권의 안정에 기여하게 되었는가? 이것은 과거제도 실시가 어떤 메카니즘을 형성하게 되는지를 살펴보면 쉽게 이해할 수 있을 것이라 본다.

과거제도를 처음 실시했던 중국의 수나라 문제 때나, 우리나라의 경우 고려 초의 상황을 보면 귀족이나 호족 세력들은 왕권을 위협할 만큼 세력이 막강했었다. 그러나 이들 중 왕권에 혼자서 대항할 만한 세력을 지닌 귀족이나 호족은 없었기 때문에 왕의 입장에서 우려할 만한 것은 바로 이들간의 결속이었다. 따라서 결속을 차단하기 위해 그들 사이에 견제 혹은 경쟁 관계를 지속적으로 조성할 필요가 있었던 것이다. 그렇다면 과거제도는 어떻게 해서 경쟁 관계를 조성하게 되었을까?

과거는 시험 합격자들에게 관직을 부여하는 제도였다. 이러한 관직은 당시에 거의 유일한 직업이자 가문의 위세를 결정하는 대단히 중요한 요인이었다. 그런데 관직은 제한되어 있는 반면 지원자들은 많았기 때문에 필연적으로 그들 간에 치열한 경쟁이 일어날 수밖에 없었다. 이처럼 과거제도는 한정된 관직을 미끼로 특히 귀족 또는 호족 간에 경쟁 관계를 조성하고 그들 사이에 분열을 조장하였으며 이를 통해 그들의 세력 도태를 가져오게 함으로써 결국에 가서는 왕권의 안정을 도모하게 하였다.

과거제도는 이처럼 정치적 배경에서 시작되었고, 또 소기의 목적을 달성하였다. 뿐만 아니라 이 제도는 당시 사람들의 정신에도 커다란 영향을 미쳤다. 그것은 바로 능력 중시의 풍조였다.

과거제도가 실시되기 전에 관리 선발 기준은 어떤 가문 출신이냐 하는 것이었다. 이런 식의 기준은 합리적인 것이 아니었기 때문에 자연히 많은 사람들로부터 불만을 초래할 수밖에 없었다. 그러나 과거는 능력 위주로 관리를 뽑는 제도였기 때문에 그럴 여지는 거의 없었다. 무엇보다도 과거는 공정하게 운영된다는 믿음이 있었기 때문에 설사 자신이 불합격되었다 하더라도 불만이 있을 수 없었다(예를 들면 답안지 채점시 부정을 막기 위해 수험생 이름을 종이로 붙여 가리게 한다거나, 필체를 알아보지 못하도록 관리가 수험생 답안지를 다시 옮겨 적은 사본으로 채점하도록 되어 있었다는 것이다.). 따라서 합격자, 즉 능력 있는 사람이 관리가 되고 이들이 백성을 다스린다는 것은 자연스런 일로 받아들여지게 되었던 것이다. 여기서 과거 합격자가 존경의 대상이 되었던 것은 당연하다. 따라서 아무리 훌륭한 귀족가문 출신의 관리라 하더라도 과거 합격자가 아닌 경우는 제대로 대접을 받을 수가 없었다.

그런데 이와 같은 능력 중시의 가치관은 이처럼 과거제도 실시로 인해 생겨난 것이면서 동시에 과거제도를 지속적으로 떠받쳐 온 원인이 되기도 하였다. 그것은 능력 중시 가치관이 자연히 개인의 능력 검증을 위한 제도적인 장치를 선호하기 때문이었다. 우리나라 과거제도가 무려 1,000년 가까이 지속될 수 있었던 것은 바로 이런 맥락에서였다고 할 수 있다. 그리고 이 점은 오늘날의 우리 입시 제도가 어떤 기제에 의해 유지되어 온 것인가를 되돌아보게 하는 계기가 될 수 있다.

조선시대 과거의 종류는 크게 문과, 생원진사시, 무과, 잡과가 있었다. 이 중에서 문과는 흔히 대과로 불리는 시험이었으며, 생원진사시는 소과였다. 그런데 대과는 소과에 합격한 사람들만이 볼 수 있었기 때문에 결국 문과와 생원진사시는 하나의 시험이었던 셈이다. 당시 과거 시험 중에서 가장 중시되었던 것은 생원진사시를 포함한 문과였다. 문과(대과)에 합격하게 되면 그 등수에 따라 관직이 주어졌으며, 생원진사시(소과)에 합격하게 되면 생원(생원시 합격자) 또는 진사(진사시 합격자)라는 호칭이 부여됨과 동시에 문과 응시 자격이 주어졌다. 특히 생원이나 진사는 벼슬은 아니었으나, 이것만으로도 자신이 속한 지역 사회에서 지배자로 군림할 수가 있었다. 그리하여 시간이 갈수록 생원이나 진사만을 목표로 하는 사람들이 늘어나게 되었다.

다음으로 조선시대의 무과는 그 이전 시대와 비교할 때 상당히 괄목할 만한 것이었다. 고려시대의 경우 무과는 거의 실시되지 않았으며, 중국의 경우도 무과는 별로 중시되지 않았다. 이것은 과거제도를 도입하려 했던 취지가 호족 세력들의 무적(武的) 체질을 문적(文的) 체질로 전환시키려는 것이었기 때문이라고 할 수 있다. 그러나 조선시대에 들어오면서 관료제도를 문반(文班)과 무반(武班)의 양반(兩班) 체제로 운영하려는 계획에 따라 무과는 과거 시험에서 중요한 비중을 차지하게 되었다. 그럼에도 불구하고 고려시대부터 이어져 온 문치주의적 전통 때문에 조선시대의 무과 역시 세인들의 관심을 끌지 못 하였다.

마지막으로 잡과는 전문직종에 종사할 관리를 뽑는 시험으로서 역과(통역 관련), 의과(의술 관련), 음양과(천문기상 및 풍수 관련), 율과(법률 관련)가 있었다.

문과는 주로 양반들이 응시했으며 무과는 양반과 비양반 모두, 잡과는 양반의 서자 및 지방의 향리 같은 중인 부류나 양인들이 응시하였다.

문과는 3년마다 시행하는 식년시(식년이란 12지 중에서 자·묘·오·유가 들어가는 해를 말함)와 부정기 시험인 별시가 있었다. 시험 단계는 식년시의 경우, 초시(각 지방에서 실시)·복시(서울에서 실시)·전시(왕이 등수를 정하는 형식적인 단계)의 3단계로 되어 있었다(생원진사시는 초시와 복시만 있었다.).

시험 과목은 생원시의 경우 '제술'이라 하여 사서오경의 내용에 관한 논문식 시험이 있었으며, 진사시는 시(詩)와 부(賦)라는 운율을 지켜 글을 짓는 시험을 부과하였다. 한편 식년시 문과의 시험 과목은 이보다 훨씬 복잡하였다. 초시와 복시 모두 초장·중장·종장의 3단계(초장 하루 다음 중장, 중장 하루 다음 종장)로 되어 있었는데, 초장에서는 강경(講經: 경서의 뜻을 묻는 구술 시험) 혹은 제술을 부과하였으며, 중장에서는 시·부·표(表: 자신의 생각을 기록하여 왕에게 올리는 글), 종장에서는 책(策: 정치적 안목에 관한 테스트)을 시험하였다.

이에 비해 별시의 경우는 절차가 간단해 서울에서 한두 번의 시험만으로 합격자를 결정하였다. 이런 이유 때문에 당시에는 간편한 별시에 응시하려는 선비들이 훨씬 많았다. 그런데 별시가 불시에 실시하는 시험이었기 때문에 주로 서울에서 가까운 곳에 사는 사람들만이 응시할 수 있었으며, 먼 지방의 선비들은 식년시와 같은 정기 시험에나 응시가 가능하였다.

과거는 능력이 있는 자만을 관리로 선발한다는 것을 기본이념으로 하는 제도였다. 이 점에서 같은 시기의 서양의 관리 선발 방식과 비교할 때 과거는 상당히 합리적이고 진보적인 제도였다고 할 수 있다. 서양의 경우 관리 임용은 주로 출신 가문을 기준으로 이루어졌으며, 시험에 의한 것은 19세기 후반부터의 일이었다. 물론 혹자는 과거제도가 완전한 신분 개방을 전제로 하지 않았다는 점을 문제로 지적할 수 있겠으나, 사실 이것은 오늘날과 같은 민주주의 사회에서나 가능한 일이었다. 또한 과거 시험에서 검증하려는 능력을 갖추는 데는, 여러 가지 여건상 상류층이 유리할 수밖에 없었다는 불공정성에 대해 시비를 걸 수 있을 것이지만 이러한 측면은 오늘날조차도 마찬가지다.

이처럼 전통시대에서 과거가 관리를 선발하는 방식으로는 바람직한 제도였음에는 틀림없으나, 수험생들 사이에 경쟁 관계를 조성하게 되었다는 점은 간과할 수 없는 부분이었다. 왜냐하면 이러한 경쟁 관계는 곧 교육에 투영될 수밖에 없었기 때문이다. 이로 인해 교육은 과거 시험을 위한 수단이라는 의미밖에는 없게 되었고, 자연히 교육에 있어서 많은 부작용들이 생기게 되었던 것이다. 옛부터 '과거는 교육의 재앙'이라는 말이 회자되어 왔던 것은 바로 이 때문이었다.

이원재

(약력)
연세대 교육학과 졸업
한국정신문화연구원 한국학대학원 교육학전공 졸업(문학석사)
연세대 대학원 교육학과 졸업(교육학박사)
연세대 교육대학원 교수(現)

(논문 및 저서)
조선전기 과거제도와 교육 문화 연구(박사학위논문)
교육학적 사유를 여는 교육의 철학과 역사(공저, 문음사 刊)
조선전기 성균관 재(齋)의 운영 실태에 관한 연구
조선후기 과거·교육에서의 요행의 문제
조선전기 별시 연구
조선전기 초집 연구 외 다수의 논문이 있음.

[재개정판] 과거공부를 알아야 교육이 보인다

초판 1쇄 2011년 2월 21일
개정판 1쇄 2013년 1월 22일
재개정판 1쇄 2016년 11월 21일
재개정판 2쇄 2020년 10월 30일

지은이 | 이원재
펴낸이 | 조복자
펴낸곳 | 문음사
주소 | (16914) 경기도 용인시 기흥구 구성로 279번길 3-32
등록 | 가제 3-15호
전화 | 031-282-5875
팩스 | 031-624-5875
이메일 | moonumsa@moonumsa.co.kr
홈페이지 | www.moonumsa.co.kr

ISBN 978-89-8168-483-9 03370

파본된 책은 바꿔드립니다.

정가 12,000원